大家小书

丛书主编　詹伯慧

少数民族语言与粤语

欧阳觉亚　著

暨南大学出版社
JINAN UNIVERSITY PRESS

中国·广州

图书在版编目（CIP）数据

少数民族语言与粤语／欧阳觉亚著．—广州：暨南大学出版社，2011.6
（大家小书）
ISBN 978－7－81135－880－3

Ⅰ．①少…　Ⅱ．①欧…　Ⅲ．①少数民族—民族语—中国—文集②粤语—文集　Ⅳ．①H2－53②H178－53

中国版本图书馆 CIP 数据核字（2011）第 101670 号

…………………………………………………………………………

·大家小书·

少数民族语言与粤语
著　　者　欧阳觉亚
书名题字　詹伯慧
出 版 人　徐义雄
策划编辑　杜小陆
责任编辑　杜小陆　黄方方
责任校对　林丽旋
出版发行　暨南大学出版社（广州暨南大学　邮编：510630）
网　　址　http：//www.jnupress.com　http：//press.jnu.edu.cn
电　　话　总编室（8620）85221601
　　　　　营销部（8620）85225284　85228291　85228292（邮购）
排　　版　暨南大学出版社照排中心
印　　刷　广州怡升印刷有限公司
开　　本　850mm×1168mm　1/32
印　　张　6.625
字　　数　96 千
版　　次　2011 年 6 月第 1 版　2011 年 6 月第 1 次印刷
定　　价　20.00 元

总　序

这是一套由在语言文字研究中作出贡献，具有相当影响力的语文学家们分别撰写的、兼具应用性与通俗性的语文读物。“大家”是就作者而言，“小书”是就篇幅而言。这套丛书的定位是以“大家”的学问来撰写篇幅不大的普及性读物，力求深入浅出，通俗易懂，把“大家”的精深学识和独到见解以浅显的语言传达到广大读者中去。

乍看这一提法似曾相识。其实早在本世纪初，就已有出版社推出过“大家小书”丛书，陆续出版了包括中外“大家”所写的书共四辑，每辑若干册。那套丛书的作者确实都堪称“大家”，据介绍，用“大家”一词还包含有“给大家的读物”的意思，而“小书”者，也是就篇幅而言。那套丛书有个用意，就是要节省读者的时间，让读者在较短的时间内获得较多的知识。既然如此，我们缘何又不避重复、盗名之嫌，再来编辑这套同名的丛书呢？这里有必要略述因由：

其一，已刊的“大家小书”范围不限，收入的“大家”可以是人文社会学科的大学者，也可以是自然科学各门学科的大学者。我们这套丛书只约请语言文字学方面的“大家”撰稿，实际上只是传播、普及语言文字知识的“大家小书”。

其二，已刊的“大家小书”大都重刊“大家”过去出版过的著名作品，有保存经典、弘扬名家名著之功，所谓“真正地跟传统对话”。我们现在编的这套限于语文的“大家小书”，不重刊作者已出版过的著作。丛书中的“小书”，或为“大家”应约专门撰写的新作，或为“大家”近期刊于报刊中的、符合本丛书要求的文章的结集。

其三，已刊的“大家小书”虽是“小书”，但由于是重印作者以往的作品，基于存真，对于篇幅不会作严格的控制。我们现在编的这套“小书”，由于基本上是作者的新作，篇幅较易作硬性的控制：一般地说，这套丛书每一本都在十万字以内，是不折不扣的“小书”。

以上几点，说明这套以语言文字为内容的“大家小书”，尽管跟此前已出版的同名丛书在编纂宗旨上有某些相似之处，却不会是重复的出版物。

暨南大学出版社成立20余年来，一直以出版语言文字方面的著作为其特色之一，在语言文字学界有一定的影响。近期继陆续出版系列语言研究学术专著“语言研究新视角”丛书之后，又开始组织“大家”编写这套以通俗、普及为主旨的语言应用型“小书”，说明出版社正在从不同的层面进一步打造该社以语言文字的研究及其应用为特色的品牌。语言研究学术成果固然值得出版，但把语言研究的成果用于语言应用，用于普及语言文字知识，提高全民语文水平，进而有助于提高全民文化素质的“小书”，无疑也是极有意义的、值得出版的著作。正是基于这种认识，作为一名在语言学园地耕耘了半个多世纪的“老农”，我很乐意在垂暮之年接受出版社的建议，担当起组织“大家”编写这套丛书的职责来。我想出版社的这一建议，一定也会受到同道各位“大家”的鼎力支持。深信在各位“大家”和出版社的共同努力下，这套丛书一定会深受许许多多渴望掌握语文知识、提高语文水平的读者的欢迎。语言文字学“从实践中来，到实践中去”的理念将在这套丛书中得到贯彻落实，开花结果。

詹伯慧

2010 年夏于暨南园

前　言

我自1953年参加工作以来，到今天整整渡过了58个春秋。虽然从1990年开始退休，但“退而不休”，一直继续着原来的工作。在这半个多世纪的时间里，始终从事着少数民族语言调查研究和后来的粤方言研究工作。少数民族语言调查工作的地点多在“老、少、边、穷”地区，工作条件的艰苦可想而知。正是由于尝受过这种滋味，我才倍加珍惜来之不易的点滴成绩。过去经历过的事，遇到过的问题，工作上的酸甜苦辣，至今仍记忆犹新。现在暨南大学出版社计划编辑“大家小书”丛书，约我把过去比较满意的心得展现出来，与同行们分享。我欣然应允了。说我这小册子是“小书”，很恰当，说我是“大家”，实在不敢当。我只不过是在我们这一领域里比同行们早工作了几年，多做了一点事，或者说我做事情喜为天下先，甘愿当个开荒者，带头做了几件前人没有做过的工作而已。

这本小册子的内容是介绍我过去所从事的少数民族语言和粤方言研究的工作情况、工作成果和工作心得。它们是从我所做过的工作成果中挑选出来的，有些已经发表过，但经过必要的加工修改，也有些是新作，可以算是代表作吧。通过这些内容，读者可以了解我过去工作的方方面面。由于语言研究对大多数读者来说是比较偏僻的领域，而少数民族语言研究更是“冷门”，要让读者了解本书全部内容，并加以利用，恐怕不容易，因为少数民族语言研究毕竟是一门学科，“隔行如隔山”。当然，对于语言研究工作者或教学人员来说，这是比较容易接受的。为了尽量让广大爱好者能充分分享我的心得，特遵照出版社的要求，尽量把内容述说得更通俗易懂，不偏离本丛书的宗旨。有做不到的地方，恳请读者不吝指教。

本书初稿写就后，由郑贻青研究员审阅过一遍，指正多处，谨致谢忱。

欧阳觉亚

2011 年 3 月于北京

目 录

壮语、壮文和壮语研究

一、壮语和壮语方言

壮族分布在广西壮族自治区中部和西部地区，云南东部的文山壮族苗族自治州、红河哈尼族彝族自治州以及曲靖地区，广东连山壮族瑶族自治县也有少量分布。“壮族”这一名称是壮语“布壮”的汉译，以前曾写作“僮族”，为了避免误读为“童族”，根据周恩来总理的建议，改为现在的写法。壮族的自称各地有不同的叫法，除了称“布壮”之外，农村多称“布班”或“布蛮”，即村人的意思。南部地区多称“布侬”、“布土”，云南多称“布岱”或“布台”。壮族人口有1 617万余人（2000年），根据统计，居住在广西的占92%以上。壮族基本上都使用壮语，除此之外，瑶族有部分人转用了壮语。壮族有半数以上的人兼通汉语。

壮语分南、北两个方言。南宁市和邕江以南，沿右江向西，南部属南部方言地区，邕江、右江以北属北部方言地区。北部方言人口占壮族总人口的68%左右，而南部方言人口仅占32%。北部方言又分桂北、柳江、红水河、邕北、右江、桂边、丘北、连山8个土语，南部方言又分邕南、左江、德靖、砚广、文麻5个土语。

壮语北部方言分布在广西北部的40多个县市和云南的富宁、广南、丘北、师宗、罗平以及广东北部的连山、怀集部分地区。语音的共同特点是没有送气音声母，与贵州的布依语比较接近；北部方言有一个 * r 声类，各地的具体读音虽有不同的变体，但对应简单而明显。①桂北土语：分布在广西北部的龙胜、三江、永福、融安、融水、罗城、环江、河池、南丹、天峨、东兰、巴马等地，人口有149万。本土语的人多自称为"布壮"、"布班"和"布蛮"。②柳江土语：分布在柳江、来宾（北部）、宜山、柳城、忻城（北部）、合山等地，人口有

150 万。本土语的人自称为“布壮”。语音特点是大部分地区有 kw、ŋw、pj、mj、kj 等声母，有些地方还有 pw、tw、dw、nw、ȵw、lw、tsw、θw、jw、hw、kjw、hjw、tj、dj、lj、tsj、θj 等圆唇和颚化声母；声调调值比较一致。③红水河土语：分布在广西东中部的阳朔、荔浦、鹿寨、象州、武宣、桂平、贵港、来宾（南部）、上林、忻城（南部）、都安、马山、贺县等地，人口有 326.6 万。本土语的人多自称为“布壮”或“布土”。语音特点是有一套带喉塞的鼻音声母：ʔm、ʔn、ʔȵ、ʔŋ。④邕北土语：分布在邕宁（北部）、横县、宾阳、武鸣、平果等县，人口有 167.5 万。本土语的人多自称为“布壮”。语音特点是土语内部语音不很一致。⑤右江土语：分布在田东、田阳、百色 3 个县市，人口有 84.7 万。本土语的人多自称为“布土”。⑥桂边土语：分布在凤山、凌云、乐业、田林、隆林、西林以及云南的富宁、广南（北部）等县，人口有 95.7 万。本土语的人多自称为“布依”，语言也与贵州的布依语极接近。⑦丘北土语：分布在云南的丘北县以及师宗县一带，人口有14万。本土语的人多自称为“布依”，当地汉人称之为“沙人”。语音特点是壮语各地的复辅音已经消失，并入p、m、k。⑧连山土语：分布在广东北部的连山壮族瑶族自治县的部分乡镇和怀集县的下帅乡，人口有3.8万。本土语的人自称为“壮族”。语音特点是有送气音ph、th、tsh、kh、khj、khw，可能是受当地汉语的影响而产生的。在词汇方面，吸收较多的汉语借词。⑨邕南土语：分布在邕宁（南部）、隆安、扶绥、上思、钦州、防城等县，人口有169.6万。本土语的人自称为“布土”。本土语各地的语音差别很大，彼此无法通话。语音特点是声调（多为单数调）普遍有分化的现象；大多数地区的带喉塞的浊塞音声母ʔb、ʔd分别并入m、n；汉字有一套读音系统，无论新老借词都按照这套读音系统来读。⑩左江土语：分布在天等、大新、崇左、宁明、龙州等县，人口有160.1万。本土语的人自称为“根土”（土人）。本土语内部语音比较一致，人们可以用本地话互相交际。城镇通行“白话”（粤语）。语音特点是各地声调调值比较一致。⑪德靖土语：分布在靖西、德保、那坡3个县，人口约113.3万。本土语的人自称为“根土”（土人）。本土语语音特点是内部基本一致，跟左江土语和砚广土语比较接近，彼此能勉强通话。靖西和德保2个县壮语使用频率最高，无论是农村还是城镇都使用本地壮语。政府机关、学校、企事业单位都使用壮汉双语，而以壮语为主。外来的汉族或其他民族居民也兼通本地壮语。靖西话在本土语中是通用的交际语。⑫砚广土语：分布在云南文山壮族苗族自治州的广南、砚山、马关、文山、西畴、麻栗坡等县，人口有35.6万。本土语的人自称为“布侬”，与德靖土语或左江土语比较接近，可以通话。⑬文麻土语：分布在云南文山壮族苗族自治州的文山、马关、麻栗坡、砚山等县，人口约11万。本土语的人自称为“布岱”，史书上多称为“土佬”。用汉语时自称为“土佬”或“土族”。该土语是壮语南部方言最独特的一个土语，其语音大大简化，变化也很复杂。语音特点是声母保留原始台语的浊塞音、浊塞擦音和浊擦音；促声韵全部变为舒声韵；双唇鼻音韵尾脱落，变成鼻化元音；促声调分别并入 2、4、5、6 各调。

二、壮语调查经过

1954 年秋，从 9 月开始，壮语调查队分 3 个小组，我所在的是西部小组，由袁家骅教授任组长，负责调查武鸣、平果、田东、田阳、百色、田林、隆林、陵乐、凤山、东兰、河池、南丹、阳朔、荔浦等县。经过半年的调查，到第二年春节后任务完成。紧接着整理材料，选择基础方言。壮语方言土语分歧较大，没有形成中心。经过再三讨论，最后选出武鸣县城厢至南部双桥一带的壮语为标准音。此后我们的主要任务是培训研究和教学的骨干，我参加语委会研究室开设的业务干部培训班，任语音学教员，半年后结业，学员们都走上各自的工作岗位。接着又在刚成立的壮文学校任语音学教员，负责 9 个班的语音教学，同时在研究室词汇组任组长，负责《壮汉词汇》（词典）的编写。初稿（油印稿）出来后，供教学研究参考之用。语法组也同时编写出《壮语语法概述》，供教学壮语文之用。

1956 年夏，由于工作的需要，所领导把我调至刚成立的海南分队。从此我结束了在广西的壮文工作，而我负责的《壮语词汇》初稿就由语委的语文骨干继续完成并正式出版。

三、壮文

壮文创制于 1955 年，它以壮语北部方言为基础方言，其中的邕北土语武鸣县城厢一带的语音为标准音。为了照顾广大地区壮语的语音，参照武鸣良乡的壮话，增加了 ny［ȵ］一个声母和 ei、ou 两个韵母。方案除了 26 个拉丁字母以外，增加了 6 个新字母和 5 个声调符号。1957 年壮文方案由国务院批准推行以后，立即在广大农村进行壮文扫盲工作，参加学习的达 200 万人。1966 年推行工作被迫停止。1980 年以后广西又重新恢复壮文推行工作。同时，对原方案做了适当的修订：废除 26 个拉丁字母以外的字母，全部语音和声调都用 26 个字母表示。修订方案于 1982 年得到国家民族事务委员会的批准，由自治区政府公布使用。

《壮文方案》字母表的排列与汉语拼音方案相同。壮文标准音声母有 22 个：b、mb、m、f、v、by、my、d、nd、n、s、l、ny、c、y、g、ng、h、r、gy、gv、ngv，其中的 b、d、g 是不送气的清塞音；mb、nd 是带喉塞的浊塞音；ng 是舌根鼻音；ny 是舌面鼻音；r 是舌面后的浊擦音；s 是齿间清擦音；c 是舌叶清擦音；带 y 的声母读作腭化音；带 v 的声母读作唇化音。

壮文有 a、e、i、o、u、w［ɯ］六个元音。元音带韵尾时（除 ei 外），e 是长元音。其余元音各分长短。i、u、w 后加 e 表示长元音。元音 a、o 后加 e 表示短元音。

壮语辅音韵尾有 p、t、k（或 b、d、g）三个，p、t、k 是高音组韵尾，b、d、g 是低音组韵尾。两组的差别只表现在声调的高低上。

壮语有 6 个舒声调、2 个促声调。舒声调的第一调不标，第二、三、四、五、六调分别在音节末用 z、j、x、q、h 表示；促声调音节，凡韵尾为 p、t、k 的读高调（高平或高升），韵尾为 b、d、g 的读低调（中平）。

1981 年以来，广西壮文学校先后培训了县、乡、村领导干部和中小学校教师，以及大中专毕业生 1.8 万余人。南宁、百色、巴马、桂林 4 所民族师范学校从 1983 年起开始设立壮文必修课。中央民族学院和广西民族学院从 1983 年起开办了壮语文专业本科班。从 1981 年至 1988 年共有 45 个县的部分中小学和 5 所中专、2 所大学举办了各种形式的教学试点班，已毕业 1 930 多人。有 53 个县（市）的 50 万人参加壮文扫盲学习，其中有 25 万多人达到脱盲水平。

壮文恢复后，共出版了壮文图书 215 种，发行量为 535 万册。民族文化刊物《三月三》（壮文版、季刊）于 1986 年创刊，向国内外公开发行。民族语言文字工作委员会下属的壮文研究室编撰出版了《壮汉词汇》、《汉壮词汇》、《壮语常用词汇》、《壮语语法概述》、《武鸣壮语语法》和《壮语基本知识》等工具书。自治区广播电台的壮语广播也使用壮文播音稿，并发行壮语广播讲座磁带。广西电视台有固定的壮语节目。自治区电影公司也用壮语给 1 683 部电影配了音。自治区壮剧团历年来都用壮、汉两种语言演出戏剧。多年来，广西及区外各有关单位或个人出版了大量的著作，其中比较重要的有：

（1）《壮语简志》，韦庆稳、覃国生著，民族出版社 1980 年版，8 万字。

（2）《古壮字字典》，韦汉华、韦以强、苏永勤、吴壮雁、陆瑛、黄英振、覃永勤、蔡培康、潘其旭等合著，广西民族出版社 1989 年版，50 万字。

（3）《壮族民歌古籍集成》（嘹歌），张声震主编，广西民族出版社 1993 年版，1409 页。

（4）《壮语方言概论》，覃国生著，广西民族出版社 1996 年版，19 万字。

（5）《靖西壮语研究》，郑贻青著，中国社会科学院民族研究所 1996 年版，23 万字。

（6）《壮语方言研究》，张均如、梁敏、欧阳觉亚、郑贻青、李旭练、谢建猷合著，四川民族出版社 1999 年版，81

万字。

（7）《壮族文化概论》，梁庭望著，广西教育出版社 2000 年版，48 万字。

（8）《壮族伦理道德长诗传扬歌译注》，梁庭望、罗宾译著，广西民族出版社 2005 年版，44 万字。

（9）《壮族麽经布洛陀影印译注》，张声震主编，广西民族出版社 2004 年 4 月版，527 万字。

（10）《壮语常见植物的命名与分类》，蒙元耀著，广西民族出版社 2006 年版，50 万字。

（11）《壮汉英词典》，罗黎明主编，民族出版社 2005 年版，181 万字。

（12）《壮语熟语》，蒙元耀著，广西民族出版社 2006 年版，46 万字。

（13）《节日》（CIET MOQ，壮文小说），蒙飞、黄新荣合著，广西民族出版社 2007 年版，40 万字。

壮语各方面的著作面世，说明壮语在蓬勃发展。壮语长篇小说的产生，说明壮语的文学语言正在形成，这是可喜的现象。

四、方块壮字

历史上壮族民间长期流传着一种以汉字为基础构成的方块壮字，当地叫“土俗字”。各地群众利用这种土俗字加上一部分常用汉字来记录本地的民歌，也记录民间故事或地名，有的地方甚至还用来编写壮剧和木偶戏的唱本。据研究，壮族使用这种方块壮字已有一千多年的历史（广西上林县仍保存一块带有一些方块壮字的唐永淳元年澄州刺史敬办所立的《澄州无虞县六合坚固大宅颂》的石碑）。古时的壮族地区使用这种方块壮字是比较普遍的，“牒诉券约，专用土俗书”（见宋·范大成《桂海虞衡志》）。到了近代，革命战争时期和群众运动中，各地区的干部和知识分子也用方块壮字来编写民歌，宣传思想、教育群众。及至现代，有些地方仍然有人利用方块壮字编写民歌和剧本。如广西南部的靖西县和德保县，县内壮族人口占了

97%～99%，该地的壮戏团用方块壮字编写剧本或木偶戏唱本、民歌等。

由于壮语各地方音的差别较大，不同土语之间的人彼此难以交流。而各地群众书写方块壮字的随意性较大，壮族地区的方块壮字远远还没有统一，这种壮字只能在本地区内交流。20世纪80年代末，广西的学者们合力收集、整理各地区的方块壮字，编写出一部《古壮字字典》。该字典的出版，对壮族聚居区各地用字的规范起到促进作用，有助于整理壮族丰富的文化遗产。《古壮字字典》把方块壮字分为象形、会意、形声、借汉4大类。实际上，方块壮字绝大部分属自造的音义合体字和类形声字，音义合体字是利用两个汉字合成一个壮字，其中一个表形，一个表声。其次是借用汉字，有的借用其音，也有的借用其义，还有的借用其音和义。

方块壮字在历史上起过积极的作用，目前它仍然在某些地区某些领域使用。但它还没有发展成为壮族统一的文字，也不可能成为壮族的正式文字。

在不通行汉语的地区，群众学习拼音壮文和汉文的同时，某些场合如记录民歌、故事等可以利用方块壮字作辅助工具，并尽量使用《古壮字字典》所推荐的规范壮字。

壮语借用汉词较多，遇到汉语借词时可以直接借用汉字，云南白族的“方块白文”直接借用汉字远比方块壮字借用汉字多。因此，借用汉字有利于方块壮字书写的文书在各地交流。

方块壮字之所以不能发展成为壮族全民使用的统一文字，决定于它本身的局限性。首先是因为各地方言土语不同；其次是方块壮字结构比较复杂，笔画繁多，大部分的字没有规范，各地方、各人用字过于随意；最重要的一点是能认读方块壮字的必须是具有中等以上文化程度的人。因为自造的方块壮字是以汉字为基础构成的，要掌握它必须越过汉字这一关。

黎语和黎语研究

一、黎族和黎语

黎族世居于海南岛，是海南岛上最早的居民。早在三千多年前，黎族的祖先就从两广大陆，先后渡过琼州海峡，移居在海南岛的北部，后来陆续迁徙到岛的中部和西部。黎族内部支系繁多，彼此的语言和生活习俗都有差别，一般从居住的地域可以划分不同的支系或方言、土语。但由于历史上的原因，部分人群经过迁徙，致使各支系发生交错的现象。但大体上仍然保持界限分明的状态。如某某县或某某地区的黎语，亦即黎语的某一方言或某一土语。黎族自称“赛”［ɬai^{53}］，各地有不同的变音。这是他们统一的称呼。古时史书称黎族为“里”，《后汉书》卷 86《南蛮列传》有“九真徼外蛮里”、“归汉里君”

的称呼。东汉以后，称“俚”或“俚僚”，及至唐末宋初才逐渐改称“黎”。据研究，无论“里”、“俚”还是“黎”，都是黎族自称“赛”的音译。黎族的支系还有不同的自称，如“哈、侾、霞、遐、夏”、“歧、杞”、“美孚”、“本地”、“润”、“台”等。汉文史书上对黎族支系的称呼是根据他们的自称音译过来的。每一大支系之下往往分若干小的支系，这与黎语的方言、土语大致相吻合。

1. 哈方言

史书上多用“侾”［ha^{11}］字，哈方言分布在乐东县大部分地区，陵水、昌江、白沙、三亚、东方也有分布。人口最多，占黎族总人口的58%，下分罗活、抱显、哈应3个支，即3个土语。罗活土语分布在乐东，少数分布在东方、白沙等地，下面根据居住的峒名再分罗活、抱由、多港、抱曼、志强、南唠等小支；抱显（又叫抱怀）土语分布在宁远河一带，过去的堡显峒以及望楼溪中游的乐东千家镇水益村、福报村等地，三亚、东方也有分布；哈应又作哈炎，该土语分布很广，主要分布在聚居区的边沿地带，从东方、三亚至陵水等地，多与汉族相邻或杂居，受汉族文化影响较深。这 3 个土语的人都可以互相通话。

2. 杞方言

“杞”又作“岐”，自称［gei^{11}］或［hei^{11}］，杞方言主要分布在保亭、琼中 2 县和五指山市，人口占黎族总人口的 24%，下面分通什、堑对、保城 3 个土语。通什土语分布在五指山以西，即琼中县的西北部和西南部，保亭县西部的大部分地区和五指山市；堑对土语分布在琼中县东部和南部。由于受汉语的影响较深，男女全改汉装，大部分人改用汉语；保城土语分布在保亭县东部及县城附近，男女全懂汉语，并能用汉语海南话唱歌。总的来说，杞方言与哈方言不仅在语言上，而且在文化特征上也有很多类似之处。

3. 本地方言

“本地”是汉族对他们的称呼，意思是最早到海南岛的黎族。本地黎自称“赛”，没有支系的自称，约占黎族总人口的

6%，居住在白沙县东部、鹦哥岭以北的地区。乐东县的哈黎称他们为“润”[hjɯːn⁵³]，通什的杞黎称他们为“润”[zɯːn³³]。本地方言语音特点与哈、杞都很接近。分白沙、元门2个土语。近来，白沙黎族学者符爱琼主张应该划分3个土语，即增加一个“光雅土语”。当地黎族一般兼通海南话和儋州话。

4. 美孚方言

“美孚”是说哈方言的人对他们的称呼，直译是“下面的汉人”的意思。他们确属黎族，为什么跟汉族扯上关系，有待进一步分析。可能是指“住在下面汉人地方的黎族”。语言与哈方言接近，也与本地黎有些近似。文化上与本地黎近似。人口只占总人口的4%。

5. 加茂方言

“加茂”是这个支系居住的主要地方，在藤桥水与陵水河的上游，该地介于哈黎（哈应支）与杞黎（保城支）之间。加茂黎只有民族自称“赛”，没有支系自称，所以其他支系的黎族称他们为“黎”，也称“德透”（吃饭的意思）。当初划分黎语方言时曾用过“德透”方言一词，后来又改为“加茂”方言。再过后，黎族人士建议称为“赛”方言，因为他们的自称是“赛”，没有支系称呼。但总觉得不妥，用民族自称来称呼方言容易发生误会。

二、黎语调查和黎文的创制

1956 年 7 月，从少数民族语言调查第一工作队抽调出部分人力，组成第一工作队海南分队，到海南调查黎语和苗语，目的是摸清黎语的方言情况，选出基础方言和标准音点，帮助黎族设计黎文方案。工作队队长为严学宭，副队长为王均，地方派唐宗海为副队长，业务秘书为欧阳觉亚，队员有曾催鸿、郑贻青、梁敏、刘一沾、林苍萍、陈瑾、黄木桂、方根载、邓锡勋、张文治、李敬忠、黄东生、严燕、曾昭启、詹伯慧、陆雄、唐渊，地方抽调的干部有符镇、杨舜英、张儒群、王理辉，中南民族学院毕业的学员有符镇南、陈清江、文明英、王宏伟、王积礼、王大列、王文芳、王国球、王明（符有丹）、王桂风、王德理、陈仁和、陈玉兰、周德新、黄有金、符爱琼、黎蔚林等。海南黎族苗族自治州也同时成立了黎族苗族语言文字研究指导委员会，与工作队一道组成黎语调查队，调查黎语方言，划分黎语方言，选择黎语的基础方言和标准音点。1956 年 7 月至 9 月，分 3 个小组分赴乐东、东方、崖县、保亭、陵水、琼中、白沙 7 个县，调查了 20 个点的黎语，并了解了全州各乡黎语的一般情况和人文情况。经过对语言材料的分析比较，把黎语分为由哈、杞、本地、美孚 4 个次方言组成的一个方言，加上德透方言总共为两大方言。后来考虑到两大方言人口比例太悬殊，改为 5 个并列的方言：哈（侾）方言、杞方言、本地方言、美孚方言、加茂方言。有的方言之下又分土语。哈方言分罗活土语、哈应土语、抱显土语；杞方言分通什土语、保城土语、堑对土语；本地方言分白沙土语、元门土语；美孚方言和加茂方言不分土语。

黎语以哈方言为基础方言。哈方言人口占当时自治州黎族人口的过半，语言的普遍性大，懂得的人多。该方言声调简单（只有3个舒声调），其他方言的人容易学习。标准音点保定村是个大村子，人口多，附近几个村子都属同一土语，人口比较集中。这个土语尤其是保定话语音被各地黎族认为比较优美，大家都乐意接受。因此，在选择黎语的标准音点方面极为顺利。1957年年初，在自治州首府通什召开的黎族语言文字科学讨论会上，与会者一致赞成工作队和语委会关于划分黎语方言和选择标准音的主张。大会一致通过《关于划分黎语方言和创制黎文的意见》和《黎文方案》（草案），并上报国家民族事务委员会备案。

1957年设计黎文方案的原则是使用拉丁字母，原黎文方案（草案）是在《汉语拼音方案》尚未公布之前设计的，当《汉语拼音方案》公布后，《黎文方案》（草案）作了必要的修改。在准确表达黎语语音的前提下，字母的读音尽可能接近《汉语拼音方案》。对黎语有而汉语没有的语音，黎文方案采取双字母表达一个语音的办法。这样，只用26个拉丁母表达黎语32

个声母、12 个元音和 3 个声调。

（1）黎语的 12 个元音：a、aː、e、eː、i、iː、ɔ、ɔː、u、uː、ɯ、ɯː，黎文只用 5 个元音字母表示。带韵尾的长元音：iː、uː、ɯː 一律在元音 i、u、ɯ 之后加 e 表示，区别于相对的短元音。用双字母 ee 表示长元音［eː］，用双字母 uu 表示［ɯ］。

（2）以 20 个辅音字母和 2 个元音字母表示 32 个声母。凡浊塞音均在相对的清塞音字母之后加 h 表示；凡是唇化及腭化音均在相对的非唇化非腭化音之后分别加 v 或 y 表示。复辅音声母［pl］用 bl 表示。

（3）为了照顾在拼写法上与《汉语拼音方案》尽量一致，以 z 和 j 共同表示 ts 声母，以 c 和 q 共同表示 tsh 声母（在 i 之前用 j、q，在其他元音之前用 z 、c）。

（4）S 出现在音节前头时是声母，读［ɬ］，出现在音节末尾时作声调符号，表示低调 11；x 只做声调符号，表示高调 55。

黎语标准音有3个舒声调、3个促声调。舒声调（第1、2、3调）的第1调黎文不表示，第2调在音节末用x表示，第3调用s表示。促声调（第7、8、9调）的第7调不表示，第8调用字母s表示，第9调的字数很少，不表示，与第7调合并。第9调原为高降调，与第7调合并后读高平调，也可以按照保定话口音读成高降调。

标准音与黎文声调对照表

标准音调类	调值	黎文字母	例子	
第1调	53	不表示	da	不
第2调	55	x	dax	田
第3调	11	s	das	外祖母
第7调	55	不表示	luek	引诱
第8调	11	s	lueks	涮，漱（口）
第9调	53	不表示	zuuluek	玉米

1957年年初，《黎文方案》（草案）公布后，语委编译科开始编写黎文《黎文农民课本》第一、二、三册，1958年夏出版，印数5万册。1957年4月开始在通什干校、通什番茅村、乐东保定村和白沙牙叉4个地点开设试验教学。待试验教

学结束后，进行总结，并报请自治州人民政府转报国务院核批。同时在通什开办黎文学校，培养黎文推行师资。当黎文正要总结经验，准备大力开展推行的时候，自治州的形势突然发生了很大的变化。1958 年年底，海南黎族苗族自治州迁到海口与海南行署“联合办公”，实际上是自治州被撤销了。原来自治州各机关也纷纷撤销，干部分派到新的岗位。原黎族语言文字研究指导委员会的人员分派到各县或各个部门，黎文推行工作全部停止。

1962 年以后，海南黎族苗族自治州又恢复原来的建制，各机关纷纷恢复。曾经有人提出黎文应否重新上马。但由于原来语委会的业务人员已经分派到各地，大部分已成为机关的主管或骨干，无法再把他们重新调回，人们对黎文工作已经失去信心，黎文工作就此画上了句号。

黎文样品

Ao	uukuenx	ghva	cae	ao	uudhueis	ia	lax	com
人	以前	种	树，	人	后面	得	吃	果

国际音标 aːu^{53} ɯkhuːn^{55} ɡwa^{53} tshai^{53}，aːu^{53} ɯduːi^{11} ia^{53} la^{53} tshoːm^{53}.

汉译：前人种树，后人吃果子。

三、黎语研究专著

20 世纪 50 年代末，原海南分队的人员集中力量修改黎语调查报告，到 20 世纪 60 年代初，由于种种原因，修订工作停止。文化大革命后，民族所语言室集中人力编写《中国少数民族语言简志》丛书，黎语小组编写了《黎语简志》，由于受到字数的限制，研究成果不能全部反映到简志里。及至 20 世纪 80 年代初，黎语小组约请海南乐东县原来参加过黎语研究工作的刘文耀、陈国珍老师到北京参加黎语调查研究和增补核对黎汉词典。经过一个多月的努力，初步核对了《黎汉词典》和《黎语调查研究》有关的材料。下面是黎语主要研究著作的简单介绍：

1.《黎语简志》

这是中国少数民族语言简志丛书之一。此书由欧阳觉亚、郑贻青合著，1980 年由民族出版社出版，共 9.5 万字。全书分六部分：第一部分概况，介绍黎族的自称、人口分布、语言使用情况和黎语的主要特点；第二部分语音，介绍黎语代表点乐东县抱由镇保定村的语音，另外还介绍黎语借词的语音；第三部分语法，下分词类、词的组合、句子成分、单句和复句、句子的语气、新起的语法现象。语法部分是全书的重点，它系统地介绍了黎语标准音点保定话的语法特点，让读者清楚地看出黎语语法与同语族其他语言的语法有许多的不同；第四部分词汇，分黎语词汇的一般特点和构词方式，另外一节专门介绍黎语的汉语借词；第五部分方言，主要介绍黎语方言土语的分布和各方言的主要特点；第六部分文字，介绍 1957 年创制黎文的经过和当时设计的《黎文方案》（草案）。词汇附录部分选用通什和保定两个代表点的一千余个常用词。

2.《黎汉词典》

此书由郑贻青、欧阳觉亚编著，参加者有刘文耀、陈清江、严燕、王德理、黄有金、符爱琼，1993 年由四川民族出版社出版，共 33.5 万字。该词典是在 1957 年收词 5 100 条的《黎汉简明词典》（油印稿）的基础上，经过 1959 年、1980 年和 1982 年 3 次修改之后，增加 1 600 余条，共收词 6 700 余条，并增加了《汉黎对照词汇》部分，把原来用《黎文方案》注音改为用国际音标注音。词条以乐东县抱由镇保定村的读音（属黎语哈方言罗活土语）为标准。汉语借词以当地群众的实际口语读音为准。声调用调类表示（第 1、2、3 调分别为 53、55、11，第 7、8、9 调分别为 55、11、53）。条目的排列，按第一个音节的声母、韵母、声调次序排列（见书末所附的声母表、韵母表、声调表的次序）。第二个音节的排列与第一个音节相同。释义尽量使用汉语与之相当的词语，如果汉语没有相当的词，则用解释性的话语对译，务求通俗易懂，必要时举例说明。1980 年的修订工作，保定村的陈国珍老师也参加过部分词条的核对工作。本系列词典丛书曾获民族研究所优秀辞书奖。

3.《黎语调查研究》

这是一本研究黎语的专著，由欧阳觉亚、郑贻青合著，1983 年由中国社会科学出版社出版，共 93 万字。该书是利用 1956 年和 1964 年 2 次调查黎语方言所得的材料写成的。1956 年的调查是由中国少数民族语言调查第一工作队海南分队进行的，参加的人员有 30 余人，由欧阳觉亚、郑贻青、曾催鸿、符镇南 4 人初步整理，写出初稿，后来由欧阳觉亚、郑贻青在 2 次补充调查的基础上经过 20 多年的时间，重新编写成书。全书分五章：第一章总论，介绍黎族的历史、人文情况、黎族名称的由来、黎族各个支系的特征，以及黎族的人名和亲属称谓特点；第二章语音，介绍黎语 10 个代表点（哈方言：保定、中沙、黑土；杞方言：通什、堑对、保城；本地方言：白沙、元门；美孚方言：西方；加茂方言：加茂）的语音系统，保定（属哈方言罗活土语）、通什（属杞方言通什土语）2 个点的声韵调配合表，各方言土语的语音比较。此外，还用一节专门谈论黎语的声调问题；第三章词汇，首先介绍黎语词汇的一般特点、黎语词汇的构词方式，各方言土语词汇异同比较，以及黎语的汉语借词特点，最后附有 1 640 个常用词的“黎语十个方言、土语代表点的常用词表”，和 100 多个汉语新借词的“黎语十个方言、土语代表点的汉语新借词表”，词目均按汉语拼音次序排列；第四章语法，分黎语语法概述和各方言语法异同比较两节；第五章黎语与同语族诸语言的比较，分语音、词汇和语法三节。最后附录有长篇故事、诗歌各一首。《黎语调查研究》是改革开放以来，第一部出版的有关少数民族语言全面研究的专著，被评为中国社会科学院民族研究所优秀科研著作一等奖。

中央民族大学文明英副教授，是黎族著名的黎语老师，著有多种研究著作，兹选其重要的部分著作介绍如下：

1.《黎—汉—泰—英词典》

这本词典是中央民族大学文明英、文京与泰国玛希隆大学合作，泰国玛希隆大学资助，2003 年出版的。

据作者介绍，本词典共收入单词 5 000 多个，其内容包括天文、地理、人物、亲戚、人体器官、动物、植物、食品、衣着、房屋、用具、宗教、意识、方位、时间、数量、指示、代替、疑问、动作、行为、性质、状态等。编写本词典作者的主要观点是：①黎语是壮泰语族的一个族员，它有 01 至 1 000 的本民族语数词。这个特点，值得广大语言工作者去探讨研究，找出黎语与同语族其他语言数词的演变过程。可见，它对壮泰语族数词的研究有一定参考价值。②黎文诞生于 20 世纪 50 年代，是世界上最年轻的文字，也是最短的一种拼音文字。但自从它诞生的那一天起，就显示出最强大的生命力。最明显的是，它已成为记录黎语最贴切的符号。这种符号，可以直接写，也可以利用电脑这个工具，通过黎文将黎族民间歌谣、谚语、谜语、民间故事、传说以及人文资料等，记录和打印出来，给语言、文学、民俗和历史研究者提供资料。可见，该词典的编写，是给新创制的黎文发挥作用的好机会。③学习、研究乃至运用现代黎族语言文字，是今后一代又一代黎人和对黎语感兴趣的无数学人的选择之一。因为今天中华文化在全球的影响不断扩大，海南已成为国际旅游目的地，黎语作为文化的表现形式之一，也应该随着热起来。编写该词典是适应这种潮流的。④黎语作为壮泰语族的一员，该词典的出现，是中国黎语和泰语对照、比较的研究工具。

2.《黎语基础教程》

这是一本高等学校教材，属于中央民族大学国家“十五”“211 工程”建设项目，由文明英、文京合著，2006 年 5 月由中央民族大学出版社出版，共 34 万字。它分上编、中编、下编和附录一、附录二、附录三、附录四，共 7 个部分。

该教程的编著，完全是为了满足少数民族语言作为第二语言教学的需要。按照编委会的要求，每本教材分上、中、下三编，每编 16 课。上编前半部分以语音训练为主，并熟练掌握文字书写规则，其余部分为简短会话或短文，内含 500 个左右的生词；中编以日常口语会话和短文为主，内含 700 个左右的生词，并掌握简单语法规则，学完之后可进行简单会话和阅读；下编以课文阅读和话语表达为主，熟练掌握语法规则，内含 800 个左右的生词。合起来共有 48 课，2 140 个生词，比原计划总词数多出 140 个。适合 3 个学期教学所用（每学期 72 学时，每周 4 学时）。它既可以用作全日制大学本科的民族语教材，也可以满足各个层次的自学者的需求。完成此课程，学习者可以使用黎语进行交流，也可以熟练阅读黎文作品和运用黎文写作。

来历不明的“村人”和村语

一、来历不明的“村人”

海南岛西部昌化江下游两岸昌江县和东方市的广大地区，有将近十万居民，其民族成分一向被认为是汉族，他们也自认为是汉族，但却使用着一种非汉语。经过研究，这种所谓非汉语是一种独立的语言。他们自称为“村人”［ŋaːu^{35} fɔn^{35}］，而附近的黎族称他们为“美”［mɔi^{53}］或“莫”［mɔ^{53}］，即汉人的意思。为了区别于其他地区的汉人，当地人多称他们为“哥龙”，即大哥的意思。这是因为当地村人经常使用这个称呼来称呼人。另一个原因是，过去东方县里，村人的政治、经济、文化都比较发达，读书人较多，参加工作的比其他族群的人也多，在当地颇具影响力。村人称自己的话为“村话”［tshən^{35}

fɔn^{35}]，黎族和其他汉族都听不懂他们的话。村人成片分布在昌化江下游两岸，南部的东方县（今改市）四更镇、新街镇和三家乡，北部的昌江黎族自治县昌城乡昌化镇以及保平乡的部分地区。约75%的人居住在南岸，25%的人住在北岸。

这里的村人是什么时候从什么地方迁来的？过去没有记录，连传说也没有。虽然有人说是从福建来的，也有人说是从江西来的，但都缺乏足够的证据。如果是汉族，怎么会放弃自己的语言而采用村语？岛内有操不同汉语的汉族，如“军人”、客家人、海南闽语人、迈话人、儋州人、疍家人、富马人等，他们来海南岛也有好几百年的历史，但都完好地保存着自己的语言。东方市四更镇的富马村，目前只有一千多人，他们也保留着他们原来独特的汉语方言，为什么只有村人没有保留自己的语言呢？这是一个很值得研究的问题。

这里可以有两个假设：一是他们就是黎族或与黎族近似的当地土著民族，后来被同化而改变了民族成分，心理素质也改变了；二是他们是汉族，也使用过汉语，后来被当地的黎族同化了，语言变为近似黎语的村语。如果还有第三个假设的话，那就是：他们可能是古越人的一支（非汉非黎），像临高人那样，来海南后一直保留至今。

从地理环境上看，村人居住在昌化江下游的出海处，面临北部湾，距广西及雷州半岛最近，与越南北部也是隔海相望。村人很可能从海上进入昌化江口，然后分散到两岸各地。

从时间上看，村人迁移到本地，至少有一千年的历史。因为东方四更镇的富马村人，他们是宋末元初因抗元失败而逃至此地的。经过 27 ~ 28 代，约 700 年后的今天，仍然保留自己的语言。而村人早已失去原来的语言，来的时间应该比富马人更早。

从习俗上看，村人的衣食住行各方面与附近其他的汉人基本上相同，在某些地方与黎族也有类似之处。老年妇女过去的衣服袖子较宽，开右襟，下穿褶裙，而黎族妇女穿的是无领上衣，对襟，袖子窄，下穿筒裙，结髻在后。黎族妇女喜戴大耳环，颈戴项圈。村人与黎族有较大的差别。

从生活习惯上看，村人常吃鱼，做法与汉人相同，而黎族除了与汉人有相似的做法以外，还有一种颇具特色的腌酸鱼。村人喝酒，但不是黎族喜爱的那种“山栏”米酒，也没有像黎族那种用管子吸饮的习惯。村人的房子全部是砖瓦房，与其他汉族无异。黎族多住茅屋。村人进行粮食加工时使用的石臼木杵与黎族的不同。

从婚丧上看，村人的婚丧习俗与汉人相同。男女喜欢在一起唱歌，但都重视贞操。黎族青年男女婚前有性自由，父母不干涉，对非婚生子不歧视。村人尊重死者，坟墓多砌成房屋形，每年要扫墓，有拾骨二次葬的习惯，并有宗祠。黎族惧怕死人，常焚毁死者遗物，坟地不留标志，也不扫墓。

从迷信习俗上看，村人没有杀猪杀牛祭鬼的习惯。黎族有小病杀鸡，大病杀猪，重病杀牛祭鬼的做法，而且过去还有禁公禁母、放蛊害人的陋俗。

从文化娱乐上看，村人喜欢唱歌，黎族也十分爱好唱歌，男女青年谈恋爱时唱歌，这是二者相同的习惯，但歌词押韵方法上彼此有所不同。黎族的民间故事很丰富，村人只有丰富的民歌，传说故事较少。

从亲属称谓上看，村人的亲属称谓有自己独特之处，与黎族或其他地区的汉族都不同。黎族称伯父之子女为哥哥、姐姐，称叔父之子女为弟弟、妹妹，村人与汉人一样，谁的年龄大谁就是哥哥、姐姐，年龄小的是弟弟、妹妹。居住在中心区的黎族，人名只是一个单音节，村人没有这种名字。

对村语的调查研究始于 1957 年。当年黎语调查告一段落后，从语言调查队里抽调人力到昌感县（今东方市）进行初步调查。1980 年以后，我们在东方县与符镇南共同调查过当地的村话。1983 年，符镇南在《民族语文》发表了《海南岛西岸的村话》一文，第一次公开介绍了村话。1985 年，欧阳觉亚和符镇南二人发表了《海南岛村话的系属问题》，对村话的系属提出了看法，认为村话属于汉藏语系壮侗语族黎语支。这一观点得到学术界的承认。

二、村语简介

村语是汉藏语系壮侗语族黎语支的语言之一。村语是一种“非汉语”，使用村语的人属于汉族。据有关材料分析，村人是于中世纪从大陆沿海一带迁徙至海南岛的。由于与当地的本土人通婚，逐渐失去了自己原来的语言而成为一种与黎语近似但又有很大差别的村语。村人分布在海南省东方市和昌江县黎族自治县靠近昌化江下游南岸的四更、新街、红江、抱板等乡以及昌化江北岸。1994 年调查时估计约有八九万人，目前可能将近 10 万人。村语内部一致，不分方言土语。村人普遍使用自己的语言，无论是在村里还是在家庭内，甚至在县城、镇里，只要同是村人，见面都使用村语交际。操村语的人兼通当地的军话（当地的西南官话）和海南话，遇到讲军话的人用军话或普通话交际，遇到讲海南话的人则用海南话交际。村人的文化水平比黎族和当地操军话的人都高，在外面工作的人也多，在政治、经济、文化上都处于领先的地位。过去有人认为村语可能是黎语的方言，经过进一步的调查研究，认为它与黎语虽有一些相同之处，但也有相当大的差异。如有些基本词，黎语各地有一致的说法，但村语却另有说法，与黎语各方言土语词汇相同者一般只有33%左右，而与加茂方言相同者只有25.4%。

1. 声母

村语有20个声母：ph、ʔb、m、f、v、tθ、th、ʔd、n、l、ts、tsh、s、z、ȵ、k、kh、ŋ、ʔ、h，其中的ʔb、ʔd为带喉塞的浊塞音，与黎语的发音相同。tθ是齿间塞擦音，有时简化为t。村语缺少p、t两个塞音。

2. 韵母

村语有a、ɛ、e、i、ɔ、o、u、ɯ、ə 9 九个元音，除了e之外，其余的元音都可以单独作韵母。有 -i、-u、-m、-n、-ŋ、-p、-t、-k 8个韵尾，有 -i-、-u- 两个介音，由元音、介音和韵尾组成102个韵母。

3. 声调

村语有五个舒声调：35、33、42、13、21；五个促声调：

55、35、42、13、21。两类声调调值基本相同。

三、村语与黎语的比较

村语与黎语虽有密切的关系，但仍有相当大的差异。下面分语音、词汇和语法三方面来谈。

1. 语音的比较

与黎语相比，村语的语音简化了。

（1）从声母的数目来看，黎语（保定）有 32 个声母，村语只有 20 个，少了三分之一。从形式上看，二者有 18 个是共有的：

黎语　p　ph　pl　ʔb　m　ʔw　f　v　t　th　ʔd　n　l　ɬ　r　ts　tsh　z　ȵ　ʔj　k　kh　g　ŋ　ʔ　h　kw　khw　gw　ŋw　hw　hj

村语　ph　ʔb　m　f　v　th　ʔd　n　l　tθ　ts　tsh　s　z　ȵ　k　kh　ŋ　ʔ　h

村语与黎语共有的是：ph、ʔb、m、f、v、th、ʔd、n、l、ts、tsh、z、ȵ、k、kh、ŋ、ʔ、h 18 个声母，缺少了 p、pl、

ʔw、t、ɬ、r、ʔj、g、kw、khw、gw、ŋw、hw、hj 十四个声母，但又多了 tθ、s 两个声母。

黎语的 p，村语变为 ʔb；黎语的 bl，村语变为 l；黎语的 ʔw，村语变为 v；黎语的 t，村语变为 tθ、ts、tsh 三个声母；黎语的 th，村语读 th，部分读 tsh；黎语的 ʔd，村语变为 ʔd、ts 两个声母；黎语的 ɬ，村语读 tθ；黎语的 r，村语读 l；黎语的 tsh，村语读 tsh 和 h 两个声母；黎语的 z，村语有少数读 l；黎语的 ʔj，村语读 z；黎语的 g，村语读 h；黎语的 h，村语多数读 h，少数读 ŋ；黎语的 gw，村语读 v；黎语的 hw，村语读 ŋ、v、h 等；黎语的 hj，村语读 ȵ。

黎语有 a、e、i、o、u、ɯ 六个元音，各分长短，共有 12 个元音音位。村语有 a、ɛ、e、i、ɔ、o、u、ɯ、ə、9 九个元音。村语比黎语多了 ɛ、ɔ、ə 三个元音，但黎语每个元音都分长短，而村语只有 a 分长短，但有长短混同的趋势。

（2）在声调方面，黎语保定有 3 个舒声调、3 个促声调；通什有 6 个舒声调、3 个促声调；村语有 5 个声调、5 个促声调，舒声调和促声调的调值相同。

调次	1	2	3	4	5
调值	35，55	33	42	13	21
例词	kɔ^{35} 蜜蜂	kɔ^{33} 哥	kɔ^{42} 刀	kɔ^{13} 马	kɔ^{21} 不能
	kuk^{55} 国	sɔk^{33} 病	tθɔk^{42} 聋	bɔk^{13} 胃	ki^{21} nək^{21} 猴子

将村语的声调与具有 6 个舒声调的黎语杞方言进行比较，可以清楚地看出它们彼此的对应关系。

通什	调次	1	2	3	4	5	6
	调值	33	121	55	11	51	14
村语	调次	1		3	4	5	4
	调值	35	（21）	42	13	21	13

村语的第 1、3、4、5 调分别与通什的第 1、3、4、5 调相对应，但第 4 调通什与村语的第 4、6 调对应。在促声调方面，通什的第 7 调与村语的第 2 调对应，第 8 调与村语的第 4 调相对应，而且对应关系基本整齐。通什的第 2 调字数很少，与村

语不成对应关系，村语只有个别字读21调。

2. 词汇的比较

在《村语研究》一书里，作者对村语与黎语的词汇作了比较，在1 768个词里，村语与黎语相同的词有557个，占31.5%。高于与壮语相同的有494个，占27.94%。在比较基本的词汇里，彼此相同的百分比要大大提高。在有关天地、动植物名称这几方面，村语与黎语（保定）相同的词占到60%~70%以上。

另据统计，在2 635个实词中，村语自己独有的词有1 313个，汉词有755个，与黎语相同的词567个。村语与黎语相同的词占21.5%，而村语里的汉词占28.7%。

村语与黎语基本词异同情况举例：（黎语/村语）

太阳—tsha^{53}hwan^{53}/zi^{35}hon^{13}；月亮—ȵaːn^{53}/ȵɔn^{35}；

雨—fun^{53}/fən^{35}；水—nom^{11}/nam^{42}；火—fei^{53}/fo^{35}；

铁—goi^{53}/thit；石头—tshiːn^{53}/sin^{35}；窟窿—tshuːŋ^{11}/tshoŋ^{42}；

角落—zuːŋ^{53}/ki^{33}zɔk^{21}；水田—ta^{55}/eŋ^{35}；旱田—pho^{11}/daːu^{42}；

田野—ʔaŋ^{53}/eŋ^{35}；田埂—hjoːn^{53} ta^{55}/ȵan^{35} eŋ35；

炊烟—hwoːn^{53}/ŋuan^{35}；年—pou^{55}/ba^{21}；日—hwan^{53}/hon^{13}；

今天—hwan^{53} nei^{55}/hon^{13} na^{21}；晚上—kɯfan^{53}/ka^{21} fon^{35}；

狗—pa^{53}/khak^{21}；水牛—tui^{11}/tθɔi^{42}；熊—mɯi^{53}/mɔi^{35}；

猴子—nok^{55}/ki^{33} nɔk^{21}；麂子—loNi^{53}/lɔ^{35}；豪猪—dai^{53}/dai^{35}；

水獭—teːk^{55}—/tsɛk^{13}；龙—taŋ^{53}/luəŋ^{14}；乌龟—thau^{55}/ou^{33} kui^{33}；

鳖—thɯːp^{55}—/tθip^{33}；蜥蜴—ʔiːŋ^{55}/ki^{21} zui^{21}；鸡—khai^{53}/khai^{35}；

乌鸦—eːk^{55}/aːk^{42}；蝙蝠—pɯguːk^{55}/tsɔi^{13} nɔ^{35}；蜈蚣—riːp^{55}/lip^{13}；

蚂蚁—puːt̥^{55}/ki^{31} bət^{13}；白蚁—pluːk^{55}/lok^{13}；鱼—ɬa^{53}/ŋɔi^{35}；

螺蛳—tshei^{53}/ki^{21} luŋ^{13}；蚂蟥—ziŋ^{53}/ki^{21} liŋ^{13}；

旱蚂蟥—theːk^{55}/liŋ^{13} ŋɔt^{33}；头虱—fou^{53}/ki^{21} tho^{35}；

虱子—than^{53}/ki^{21} feu^{35}；毛—hun^{53}/ŋən^{35}；角—hau^{53}/hau^{35}；

翅膀—phiːk^{55}/phiək^{33}；尾巴—tshut̥^{55}/tshət^{33}；鱼鳍—hwik^{55}/phiaŋ^{33}；

鳃—ŋeːk^{55}/ŋɛk^{33}；爪子—tsɯliːp^{55}/lip^{33}；蛋—zɯːm^{53}/fon^{35}；

窝—ruːk^{55}/lok^{13}；树—tshai^{53}/nɛk^{33}；叶子—beɯ^{53}/bou^{35}；

木棉—tsɯhaːu^{11}—/haːu^{42}；龙眼—tsɯban^{11}/ham^{35} ban^{42}；

竹子—dom^{53}/ki^{21}tsem^{35}；竹笋—nɯːŋ^{53}/nɯəŋ^{35}；

稻穗—tseːŋ^{53}/hai^{21}；稻草—ŋwiŋ^{11}/ȵeŋ^{42}；小米—feːŋ^{11}/fɛŋ^{42}；

芭蕉—hweːk^{55}/zɛk^{33}；甘蔗—maːi^{11}/ma(i)^{42}；姜—khɯːŋ^{53}/hɛk^{13}；

种子—fan^{53}/fon^{35}；草—kan^{11}/kan^{13}；茅草—hja^{53}/ ȵɔ^{35}；

刺—hwɯn^{11}/ ŋɯn^{42}

3. 语法的比较

在语法方面，村语与黎语既有相同的地方，又有不同的地方。

（1）数词方面，一、二、三、四、五、六这几个基数词与黎语相同，七、八、九、十、百、千、万等使用汉词。十一至二十、三十直到九十、一百均用汉词。村语的数词有 3 种：固有词、汉词（较古老的）和汉字读音词。固有词只保留从一至六几个；汉词是比较古老的汉语词，从一到十、百、千、万；汉字读音词也是从一到十、百、千、万。后两者读音不同（左边为汉词，右边为汉字读音词）：一 et^{33}/ zit^{55}、二 ŋɛi^{42}/ɯ^{55}、三 tθɔm^{21}/tθam^{33}、四 tθɛi^{42}/tθɯ^{35}、ŋuɔ^{42}/vu^{21}五、lok^{13}/lok^{55}六、

tθet^{33}/tθit^{55} 七、bat^{42}/bat^{55} 八、kɔi^{42}/kiu^{21} 九、sep^{33}/sip^{55} 十、bɛk^{42}/bək^{55}百、tθaːn^{21}/θian^{33}千、vaːn^{13}/vuan^{35}万。从村语的数词来看，村语受汉语的影响是比较深的。

（2）数量词修饰名词时，数词为一时，村语可以省略，而黎语则不能。例如：吃了一个又一个——黎语：la^{55} tsɯ^{55}hom^{53} om^{11} taɯ^{55}hom^{53}（吃一个又一个）；——村语：la^{21} lət^{21} aŋ^{43} lət^{21}（吃个又个）。一人吃一个——黎语：tsɯ^{55} pha^{11} la^{55} tsɯ^{55} hom^{53}（一位吃一个）；——村语：kuan^{13} la^{21} lət^{21}（位吃个）。

（3）黎语的人称代词，第一人称复数分包括式（咱们）和排除式（我们），村语不分，都用我们。黎语的指示代词分近指、中指、远指三类，村语只分近指、远指两类。如放在那里还是那里？——黎语：tshoːn^{55} dɯ^{11} haɯ^{55} tshɯ^{11} nau^{11} tshoːn^{55} dɯ^{11} ma^{55}（放在那儿还是放在那里？）——村语：han^{21} tsɛn^{13} hɔ^{21} di^{33}（放在那里？）。

（4）黎语副词先［khuːn^{55}］，一般用在动词之前，而村语用在动词之后。如你先去——黎语：meɯ^{53} khuːn^{55} hei^{53}（你先去）；——村语：mɔ^{21} zai^{42} khuan^{21}（你去先）。

（5）黎语的时态助词过［dua^{11}］，表示动作的经历，要紧跟着动词后，村语的“过”［kuə^{42}］要用在句子的最后。如我见过他三次——黎语：hou^{53} laːi^{11} dua^{11} na^{53} fu^{11} kaːi^{11}（我见过他三次）；——村语：kə^{21} lai^{42} na^{21} fu^{42} bon^{42} kuə^{42}（我见他三次过）。

（6）黎语以名词为中心的词组，其修饰语的位置是在被修饰语之后，村语的修饰语可用在被修饰语之后，也可用在被修饰语之前，但要增加助词的。如伯父的房子——黎语：ploŋ^{11} tshai^{11}（房子伯父）；——村语：kɯn^{35} bɛk^{33} dɛ^{35}（房子伯父）或 bɛk^{33} dɛ^{35} di^{33} kɯn^{35}（伯父的房子）。我的衣服——黎语：veːŋ^{11} hou^{53}（衣服我）；——村语：vɛŋ^{13} kə^{21}（衣服我）或 kə^{21} di^{33} vɛŋ^{13}（我的衣服）。

在语法上，村语与黎语也是大同小异，但有一个特点，凡是村语与黎语不同的地方，多半是村语使用了汉语说法的结果。这一特点跟词汇特点正相似。

村语与黎语十分接近，但又有很大的不同。村语与黎语相同的成分是古代某个时期村人祖先与黎族祖先所共有的。到了中古以后，村人与汉人发生混合，其语言受到汉语的影响，以至形成今日与黎语既有很多地方相似或相同，又有许多地方不同的村语。与黎语相比，村语的语音已大为简化，

关于村语的地位问题，可以从同源词汇异同的情况来观察。从《壮侗语族语言简志》一书所附的900余个可以用作比较的常用词来看，村语与黎语相同的最多，同源词在36%～40%之间；与壮语相比，在27%～30%之间；与侗水语相比，在19%～24%之间。村语可以作为壮侗语族黎语支里的一个语言。村语与黎语各方言相同比率不算很高，再考虑到其他因素（如自称、亲属称谓、生活习惯、自我意识等），不宜把村语算作黎语的一个方言，把它单独作为黎语支里的一个独立的语言比较合适。

4. 研究村语的著作

研究村语的著作有《海南村话》和《村语研究》。现分别

介绍如下：

（1）《海南村话》。这是对海南村语进行描写的著作。此书由符昌忠著，1996 年由华南理工大学出版社出版，共有 25.2 万字。该书是第一次向世人以专著的形式系统地介绍海南村语的全貌。全书分绪论、语音、词汇、语法四章和附录。作者自幼说村话，家乡在东方市三家乡红草村，村语内部基本一致，各地只在语音上或词汇上有微小的差别。在第一章绪论里，介绍村人的衣食住和婚丧习俗、节日活动。婚姻习俗有些近似黎族，而丧葬风俗又近似南方的汉族。村人的亲属称谓的特点是，男性的称谓多用汉词，而女性称谓多使用固有词。通过这一情况，可以推断出村人的祖辈（男性）是外来的汉人。在村话的系属一节里，将村语确认为汉藏语系壮侗语族黎语支的一个独立语言。在第二章语音里，除了对村语的语音进行详细描写以外，还附有一个 100 页的声韵调配合表。此外，还有“村话与同语族诸语言的语音比较”、“村话中汉语词的语音”。在第三章词汇里，除了介绍村语的的词汇特点以外，还附有一个约 3 000 个词的分类词汇表。在第四章语法里，除了介绍村语的语法特点以外，还专门谈论“汉语语法对村话语法结构的影响”。附录的话语材料附有民间故事一则。

（2）《村语研究》。该书是中国新发现语言研究丛书之一，被列入国家哲学社会科学研究“九五”规划重大课题，由欧阳觉亚所著，1998 年由上海远东出版社出版，共 22.1 万字。村语是海南省东方市和昌江黎族自治县部分汉人使用的一种非汉语，使用人口接近 10 万。

《村语研究》分绪论、语音、词汇、语法、村语系属问题五章和附录。第一章介绍村人的来历和生活习俗。关于村人的来历，从来没有一个公认的说法。对他们的民族成分也有两种不同的看法：有人认为是汉族，有人认为可能是黎族。村人自认为是汉族，与黎族没有认同感，而黎族对他们也没有认同感，尽管其语言与黎语有一定的相似，但也不能归作黎语的一个方言。《村语研究》第一章第一节对这个问题作了多方面的分析研究，作出了一个假设。村人是从两广大陆、广西的东南部过来的，时间应该是唐末或宋初。

第一节最后的结论是：①村人居住的地方是海南岛西海岸附近，他们的先辈很可能是从昌化江进入海南岛的。②村人很可能是从北部湾渡海而来，大概是广西的南部，他们的语言曾经接触过粤语。③村人的民族成分不是黎族而是汉族。④村人很可能是在唐末迁徙来海南的，其语言已发生了很大的变化。⑤村人是成批地迁来的，其成员主要是男性，人数不少。⑥村人的生活习俗多与南方汉族相同。⑦村人与黎族彼此没有认同感。⑧村人通过婚姻关系，使语言从汉语转变成为近似黎语的一种语言，但仍保留着一些汉语的成分。⑨村人原来所使用的语言是属于中古时代的一种汉语南方方言。

关于村语的系属问题，该书把村语与壮侗语族诸语言作了比较，得出村语属于壮侗语族的黎语支。在附录部分列举出村语 2 330 余个常用词、故事 1 则、歌谣 3 首、汉字读音材料（句子 100 句和短文 1 篇），最后附有“村话、军话、儋州话、普通话字音比较”（约 200 字）。

三亚的回族及其语言

海南三亚市的羊栏镇（今改为凤凰镇）有两个村子——回辉村和回新村，那里居住着 5 000 余回族人。他们信奉伊斯兰教，使用着一种自己独有的语言——回辉话。据史书记载，这里的回族人是古时从东南亚的占城陆续迁徙而来的移民。最早的时候，他们分散在海南岛崖县各地和岛北部的儋州。后来陆续集中到现在的回辉村和回新村，而仍然居住在崖县其他地方和儋州的则逐渐被当地的汉族同化了。只有居住在回辉村和回新村的仍然完整地保留他们原有的宗教、生活习惯和语言。由于生存的需要，这里的回族有不少人学会了当地的几种语言或方言，成为多语的使用者。同时，他们的语言由于长时间地受到汉语的影响，因此，尽管他们的基本词汇大部分仍然还保留着，与所来的地方的语言仍有很密切的语音对应关系，但在结构上也发生了一定的变化，产生了能够区别意义的声调，很多原来的多音词变为单音词。从类型来看，其语言已从南岛语系变为近似汉藏语系的语言了。

一、三亚回族的过去和现状

1. 人口和居住的变化

三亚市回族有 5 000 余人，绝大部分居住在羊栏镇的回辉村和回新村，只有几十人居住在市区内。新中国成立以前，这里的回族人口不足 2 000。据统计，1953 年全国第一次人口普查时，三亚回族只有 389 户，1 663 人。1964 年全国第二次人口普查时，也只有 1 970 人。1982 年猛增至 3 849 人，18 年内增加了 97.3%。到 1990 年时增至 4 918 人。到 2000 年以后，估计已接近 6 000 人了。从过去的记录来看，20 世纪 30 年代，回族人口只有大约 2 000 人（德国民族学家 H. Stübel 的估计）。而在 10 年后，近人岑家梧教授的估计为“千余人”。新中国成立初期，根据广东少数民族社会历史调查组 1958 年的调查，全村有 410 户，估计也是不足 2 000 人。到 20 世纪 60 年代至 80 年代，人口增长较快。

2. 生活和生产状况

三亚回族过去主要以捕鱼为业，新中国成立初期，全村 410 户中，渔业户 315 户，菜农 30 户，小贩 15 户，手工业 5 户。渔业户占 76.8%，菜农占 7.3%。他们的渔业活动，以浅海围捕作业为主，用竹排或小船先将长渔网拉到离岸边较远的海上，然后在两端把网拉回来。一般每次能捕鱼二三百斤。鱼汛好时每次可捕获数千斤。另外有些人用小网作业，收入都不高。至于靠做小买卖生活的，也不富裕。所以在新中国成立前，回民的生活都很艰苦。土地改革后，每户都分得了土地，1953 年组织了互助组，1958 年成立了人民公社。他们从附近的黎族及汉族那里学习农业耕作技术，政府则送给他们耕牛和农具、生产资料，并发放大量救济款，他们从不会耕种到学会了种田。而渔业生产也在政府的帮助下得到发展。

进入20世纪70年代以后，由于渔业资源日渐枯竭，渔民缺少资金和技术搞深海捕捞，渔业生产基本上处于停顿状态。种植户靠种蔬菜到市场销售，勉强维持生活。有的在附近搞运输，有的开小餐馆，妇女们多在市内或旅游点向游客兜售纪念品或土特产。改革开放以后，有些人靠做生意赚了钱，盖了钢筋水泥的小洋房，有的还拥有小汽车，就像大城市的富户。

在文化教育和风俗习惯方面，回辉村和回新村各有村小学，老师大部分是本村人。过去初中生多到附近的羊栏村就读，现在则到镇中学上学。回族每年有自己的节日，开斋节、古尔邦节和圣纪节是穆斯林的三个大节。开斋节是回族最隆重的节日。每年伊斯兰教历九月为斋戒期，这个月内，成年男女都遵守教规封斋，白天不进食，也不喝水。封斋一个月后，到伊斯兰十月一日为开斋节，此后又恢复原来的正常生活。古尔邦节在伊斯兰教历十二月十日，这天男子们纷纷到海滩的墓群进行“游坟”，即扫墓。圣纪节在伊斯兰教历的三月十二日，是穆罕默德的生日纪念日。每次节日，青年们多进行自己的体育娱乐活动，平时很少到市镇上参加汉族或黎族的文娱活动。

回族人人都是虔诚的教徒，成年人每天自觉参加五次礼拜。天亮后举行“晨礼”，中午后举行“晌礼”，日落前举行“晡礼”，日落后举行“昏礼”，睡前举行“宵礼”。每星期五集体举行礼拜，叫“主麻日”，礼拜前必须沐浴洁净。

3. 与其他民族的关系

回族居住自成一个村落，相对地封闭，外面的活动很少参加。在内部交往使用自己的语言，彼此互相帮助。婚姻方面几乎是内部通婚，很少与汉族或黎族通婚。近年来出现民族间的通婚，但几乎完全是汉族女子嫁与回族男子，也有非回族男子到回族家庭入赘的，但条件是外族男女必须入教，举行入教仪式，遵从回族的生活习俗，遵照回族礼俗举行结婚仪式。据统计，现有30名汉族女子和10名汉族男子婚后进入回村。

回辉村的东北部一里路外的羊栏村是汉族村，使用一种近似粤方言的“迈话”，过去回族村的青少年多到羊栏村上中学，因此“迈话”在当地有一定的势力。现在由于村子各自向外发展，两个村子几乎都连在一起了。两个村子的人来往也较过去密切。回族人多懂得一些“迈话”，而羊栏村的汉人很少懂回辉话的。据羊栏村的老人陈述，很久很久以前，回辉村的回族有不少人能用“迈话”与他们交际，甚至村北不远的黎族和回族交际时也多用“迈话”。近几十年来，由于海南话和普通话的通行，他们都改用海南话或普通话交际了。

回辉村西部不远处是一个海波村，那里的人是不久以前从海南岛北部的儋县（儋州）迁徙而来的，使用儋州话（一种近似粤方言的南方土话）。羊栏镇西行十多公里是天涯镇，那里是汉族和黎族居住的地方，汉族使用属闽南方言的海南话。由天涯镇向西数十公里是崖城镇，崖城是历代州、郡、县所在地，崖城附近有使用“迈话”和“军话”（汉语西南官话）的村落。新中国成立初期，崖城仍然是县政府所在地，1954 年 10 月，县政府迁至三亚镇，回辉村东南八公里就是三亚镇。20 世纪 50 年代，三亚镇通行海南方言，也有部分人使用广州话。近年来三亚主要通行海南话和普通话，广州话只在当地的渔民间使用。

4. 历史来源

三亚回族有较长的历史。关于他们的来源，据当地老人介绍，相传最早他们是从事渔业的，后来因为遇到台风，有几艘渔船漂泊到海南岛南部崖城海边，一艘漂到崖城田独一带，一艘漂到三亚附近，一艘漂到崖城海面。在田独的后来迁到儋县俄蔓村定居，在三亚的就在三亚居住下来，在崖城的那部分人开始在崖城附近定居，后来也迁到三亚。关于三亚回族的来历，史书上也有明确的记载。据明万历《琼州府志》卷三的记载："乃宋元间，因乱挈家驾舟而来，散泊海岸，谓之番村、番浦。其人多蒲、方二姓，不食豕肉，家不供祖先，共设佛堂，念经礼拜……"《古今图书集成·职方典》记载："崖州……番俗本占城人，宋元间因乱挈家驾舟而来，散泊海岸，谓之番村、番浦，今编户入所三亚，皆其种类也……不与民俗为婚，人亦无与为婚者。"《崖州志》卷一记载得更详细："番民本占城人回教人，宋元间因乱挈家泛舟而来，散居大蛋港、酸梅铺海岸，后聚居所三亚里番村。初本姓蒲，今多改易，不食豕肉，不供祖先，不祀诸神，惟建清真寺。白衣白帽，念经礼拜，信守其教，至死不移。吉凶疾病，亦必聚群念经。有能西至天方，拜教祖寺茔，归者群艳为荣。……捕鱼办课，广植生产。婚不忌同族。不与汉人为婚，人亦无与婚者。”《宋史·占城传》：“雍熙三年（986），其王刘继宗遣李朝仙来贡。儋州上言：占城人蒲罗遏为交趾所逼，率其族百余口来附。”《宋会要·番夷四》：“端拱元年（988）十一月，广州又言，占城夷人忽宣等族三百人来附。”《明宪宗实录》卷二八四：“成化二十二年（1486）癸丑，巡按广东察御史徐同爱等奏：‘占城王子古来攻杀交趾所置伪王提婆苔，交趾怒，举兵压之境，必欲得生提婆苔。古来惧，率王妃王孙及部落千余人，载方物至广东崖州，欲赴诉于朝。’事下礼部复议。上曰：‘古来以残败余息，间关万里，提携眷属投附中国，情可矜悯，其令总兵、镇守、巡抚等官加意抚恤，量与廪饩，从宜安置，毋致冻馁，仍严密关防之。’”又《明宪宗实录》卷二八六：成化二十三年（1487）正月辛酉“命南京右都御史屠滽往广东谕占城国王古来。总督两广军务右副都御史宋文等奏：‘古来在崖州，坚欲入朝，赴诉交趾侵虐之害。……’事下兵部复议，谓古来辞与安南国前所奏者不同，命多官集议。……宜遣大臣一人往犒古来，且谕之云：‘朝廷悯尔委国远来，劳于跋涉，其勿入朝，恐久暴露于外，占据者渐有固志，客处者各怀异心，不如早归，以安国人。’仍移文安南，责以存亡继绝之义，若果非王意，宜遣使迎古来复其国以自解。诏可，遂命滽往”。后来古来王子等人可能在明成化年以后陆续被送回占城国。但也很可能有一部分人留下在崖城至三亚一带定居。

以上所引是三亚回族大批地从占城迁徙来海南的记载。从时间上来看，上限是公元 986 年（雍熙三年），下限是公元 1487 年（成化二十三年），前后共 500 年。在这段时间内，一定还有不少占城人来中国经商或者路过海南岛，或者暂时在崖州停留，甚至长期逗留在岛上。现今三亚沿海一带仍有几处伊斯兰大墓群。这说明当时崖城沿海有不少占城伊斯兰教徒居住。

回辉村和回新村的6座清真寺都是建于15世纪下半叶：清真古寺建于明成化六年（1470），1982年重修，1986年扩建；清真西寺建于明成化九年（1473），1978年重建；清真北寺建于明成化二十三年（1487），1982年扩建；清真新寺建于1979年；清真南寺建于明成化二十三年（1487），1978年重修；南开清真寺建于明成化十四年（1478），1978年重建，1990年又另建新寺。以上6座清真寺，前4座位于回辉村，后2座位于回新村。从建清真寺的年代推测，崖县的回族从15世纪以后人口大量增多，在这之前的四五百年间人口都比较少，所以清真寺的规模较小，没有保存至今。唯有从15世纪70年代起，即占城王子古来一行因避难到海南岛后，才大兴土木地在回辉村和回新村各建一座规模较大的清真寺。而在此之前也已经建有3座有一定规模的清真寺。可见，当时占城已有不少人定居在海南岛了。

5. 语言的使用状况

聚居在三亚回辉村和回新村的回族有自己的语言，这是他们从原居地占城带来的语言，属南岛语系，与现在东南亚地区占语支的几种语言比较接近。近数百年来，由于与占城失去了联系，随着时间的推移，他们逐渐忘记了自己的历史，而只留下口头的传说。由于宗教的关系，他们与国内各地的穆斯林来往，邀请广州或北方的伊斯兰教长来讲经，于是就自然而然地与回族有认同感，成为海南岛的回族。他们用自己的话自称为 hu^{11} zan^{32}（占人），说普通话时自称为 hui^{11} tsok^{24}（回族）。在村内完全使用自己的语言，与岛外人交往时使用普通话，与广州人交往时，部分人可以用广州话，与本岛汉人交际时用海南话，与邻村羊栏村的人交际时过去有些人能使用“迈话”，现在多使用普通话或海南话，与黎族交际时有人能用黎语，但多用普通话或海南话。崖城一带有不少讲军话（汉语西南官话）的居民，回族跟讲军话的人交际时多用普通话，虽然回族人在念报纸、文件时使用一套与军话十分近似的语音，但他们能说军话的人不多。成年人大多数都能使用两三种语言或方言。1984 年在回辉村就语言使用情况进行了调查，在被调查的 76

人当中，大部分人都是多语（方言）使用者。具体情况如下：全部懂回辉话；有 65 人懂海南话，8 人略懂；有 55 人懂普通话，16 人略懂；有 38 人懂迈话，12 人略懂；有 17 人懂黎语，13 人略懂。此外还有 8 人懂儋州话，4 人懂广州话，3 人懂日语，2 人懂军话。回族人懂其他语言或方言，男女差别不大，文化程度的差别也不大，但不同年龄段的人有较大的差别。可以说，成年人几乎都懂海南话，不懂的是 14 岁以下的少年学生。因为儿童进小学学习，只学习普通话，等到毕业以后，尤其是到了社会以后才有机会接触海南话。回族人懂普通话的比例是比较高的，不懂普通话的只是 10 岁以下的儿童和老年文盲。由于学校推行普通话，小学生一般都略懂普通话，因此，青少年都是先学会了普通话，然后才掌握海南话。

在抽样调查的 76 人当中，有 38 人懂迈话，12 人略懂。回族人之所以有这么多的人懂迈话，是因为使用迈话的羊栏村就在回辉村的东边一里路远，两村只隔着一条路而已。人们来往密切，学生在一个中学上学。回族学生或成年人一般都略懂迈话。回族人懂黎语的都是年龄较大、过去与黎族有过接触的人。在羊栏镇上，一般使用海南话，也有人使用迈话交际，与外地人接触则用普通话。

二、回辉话简介——回辉话语音系统

1. 声母

回辉话有 19 个声母：p、ph、ʔb、m、v、t、th、ʔd、n、l、ts、s、z、ȵ、k、kh、ŋ、ʔ、h。

声母例子：

p　pa^{33}饿	paːn^{33}厚	ts tsa^{55}破
tsaŋ^{32}床	ph pha^{55}嘴巴	phaːu^{11}水牛
s sa^{55}湿	se^{43}近	ʔb ʔba^{24}鲜美
ʔbe^{24}缺口	z za^{24}	筋 zaːŋ^{32}人
m ma^{33}母亲	man^{33}软	ȵ ȵa^{33}问
ȵen^{32}韧	v va^{11}你们	vaːi^{32}藤
k ka^{33}鳞	kaːŋ^{33}下巴	t ta^{43}枕（枕头）、

taːi^{32}死　　kh kha^{24}粪　　khi^{43}汗垢

th tha^{11}鸭子　　thai^{11}弟、妹　　ŋ ŋa^{11}花

ŋin^{33}风　　ʔd ʔda^{11}怕　　ʔdi^{55}睡觉

ʔ ʔaːu^{11}衣服　　ʔia^{33}水　　n na^{24}孩子

naːu^{32}去　　h ha^{33}老　　ho^{24}船

l la^{55}舌头　　le^{24}下雨

2. 韵母

回辉话有50个韵母：

a		e	i		o	u		ə	ʅ
aːi	ai				oi	ui			
aːu	au			iu					
aːn	an	en	ien	im		uen	un		
aːŋ	aŋ				oŋ		uŋ		
aːt	at	et	iet	it		uən	ut		
	ak				ok				

ia　iai　iau　ian　iaŋ　iat　iak　iə　io　ioŋ　iok

ua　uai　uan　uaŋ　uat

韵母例子：

a pa^{33}四　　ma^{33}田　　u lu^{33}多

ʔbu^{11}晒	aːi paːi^{32}酒	thaːi^{21}稻谷
uən zuən^{33}早	khuən^{33}坟墓	aːu paːu^{33}果核
ŋaːu^{33}外面	uət kuət^{24}收割	ʔuət^{24}挖
aːn paːn^{32}八	kaːn^{33}鱼	ui pui^{33}火
mui^{11}熊	aːŋ saːŋ^{11}丈夫	zaːŋ^{32}人
un thun^{33}年	ŋun^{33}含	aːt paːt^{24}拿
ʔan^{33}kan^{11}ȵaːt^{24}疟疾		uŋ puŋ^{33}稻草
phuŋ^{11}竹笋	ai zai^{33}天	sai^{11}铁
ut sut^{24}迷路	ʔbut^{24}吻	au nau^{33}
他 tau^{11}虱子	ə phə^{11}甘蔗	tsə^{24}山
an nan^{11}云彩	van^{33}忘记	ɿ sɿ^{33}事（务）
tsɿ^{43}自（治州）	aŋ khaŋ^{32}硬	ʔbaŋ^{33}吃
ia sia^{43}血	hia^{33}哭	at pat^{24}笔
sat^{24}声音	iai piai^{33}村庄	khiai^{32}森林
ak pak^{24}北	kak^{24}浓	iau siau^{11}药
hiau^{24}见	e phe^{11}羊	se^{33}马

ian pian^{33}力气	khian^{21}雷	en ten^{32}肚子
ʔen^{11}盆子	iaŋ kiaŋ^{33}芒草	ʔdiaŋ^{32}手指
et khet^{24}砍	het^{43}挤	iat na^{11}khiat^{43}龙
i li^{55}卖	phi^{24}苦	iak niak^{24}小
siak^{24}尺	ien sien^{11}钱	hien^{33}县
iə tsiə^{33}饱	phiə^{11}毛	iet khiet^{24}跨
siet^{24}雪	io pio^{11}青苔	sio^{11}淋水
iu piu^{55}十	thiu^{43}妻子	ioŋ kioŋ^{33}洞
pioŋ^{32}大	in ŋin^{33}聋	ʔin^{11}腻
iok niok^{24}弱	hiok^{24}学（校）	it phit^{24}匹
ʔdit^{43}探访	ua zua^{55}臭虫	thua^{11}二
o po^{55}打	ko^{24}头	uai kuai^{33}脖子
zuai^{33}苍蝇	oi thoi^{11}筷子	ʔboi^{24}嘴唇
uan luan^{33}吞	suan^{11}关闭	oŋ noŋ^{33}挑
thoŋ^{32}刀	uaŋ Puaŋ^{33}鹅	kuaŋ^{33}瞒
ok nok^{24}鸡	khok^{24}鱼刺	uat huat^{24}活（动）

luat^{43}灯筒

3. 声调

回辉话有区别词义的声调，但其系统与汉藏语系语言有所不同。这里所排列的次序是按其音调高低升降安排的。因此不能理解为像汉藏语系的那种调类。回辉话有 7 个高低升降不同的声调，列表如下：

调次	1	1’	2	2’	3	4	5
调值	33	32	11	21	24	43	55
例字	sa^{33}一、	saːi^{32}堆	sa^{11}茶	saːi^{21}胗	sa^{24}熟 tast^{24}窄	sa^{43}梯子 tast^{43}相片	sa^{55}湿

三、回辉话与占语支语言的关系

占语支语言包括嘉莱语、拉德语（又叫埃德语）、占语、拉格莱语。在越南，这几种语言使用人口依次是嘉莱语约 20 万，拉德语（即埃德语）14 万，占语 7 万，拉格莱语 4 万（据利国、徐绍丽《越南民族》，书中人口数字引自《越南各民族成分名称》）。这几种语言十分接近。这里用拉德语作代表与回辉话进行比较。

1. 词汇的比较

回辉话与占语支语言有相当一批同源词。语音形式虽有不同，但彼此有明显的对应规律。这里从《拉德—英词典》和回辉话都已经收录到的 1 211 个词中，找到 475 个彼此相同的词，占 39.2%，彼此不同的有 736 个，占 60.8%。另外，又从有关天地及自然物、时间、方位、动植物、人体等方面的 329 个词中，发现回辉话与拉德语相同的有 172 个，占这部分词的 52.3%。从比较数字来看，我们大致可以得出如下结论：回辉话与拉德语相同的词在 40% ~60%之间。由于回辉话大部分词的前缀已经消失，而拉德语的前缀基本上仍然保留下来，这里所指二者相同的词是指词干相同。例如：

词义	回辉话	拉德语	词义	回辉话	拉德语
茅草	$la:ŋ^{33}$	hla:ŋ	梦	pai^{33}	epɛi
骨头	$la:ŋ^{33}$	kla:ŋ	簸	pai^{33}	pɛi
金	ma^{33}	mah	石头	tau^{11}	bothtau
田	ma^{33}	hma	虱子	tau^{11}	ktau

（续上表）

词义	回辉话	拉德语	词义	回辉话	拉德语
五	ma^{33}	ema	风	ηin^{33}	aŋin
土	na^{55}	(* tanah)	聋	ηin^{33}	kŋal
脓	na^{55}	enah	直	pa^{24}	kpaʔ
射	na^{55}	m'nah	四	pa^{24}	paʔ

如果用最基本的词来推算，回辉话与拉德语相同词的比率要高得多。用 100 个最基本的词来计算，回辉话与拉德语相同的词大概有 77%。下面是用来比较的 96 个最基本的词，回辉话与拉德语相同的有 74 个（加星号的）：

*太阳，*月亮，*星星，云，*雨，*水、地，*山，*石头，*沙，*火，*烟，*灰，*夜里，*狗，*鸟，*虱子，*鱼，*角，*爪子，*尾巴，*毛，*蛋，*树，*叶子，*种子，*树皮，*根、人，*女人，*男人，*头，*耳朵，*眼睛，*鼻子、嘴巴，*牙齿，*脖子，*舌头、乳房，*手、脚、膝盖，*肝、心，*肠子，*血，*皮肤，*骨头，*名字，*路、肉、油（动物油）、咬，

＊飞，＊来，＊知道，＊死，＊说，＊吃、喝，＊看，＊听，＊坐，＊睡，＊给、杀，＊站，＊走，＊游泳，＊烧，＊红，＊黄、绿、白、黑，＊大、小、长，＊圆，＊干，＊多，＊冷，＊热，＊饱、好，＊新，＊一，＊二，＊我、我们、你，＊这，＊那，＊谁（哪）不。

2. 语音的比较

（1）在声母方面，回辉话的 19 个声母中，ʔb、m、v、t、ʔd、n、l、ȵ、ŋ、ʔ、h 等 11 个声母与拉德语相同或基本相同。其余的 p、ph、th、ts、s、z、k、kh 等 8 个声母与拉德语的对应，有的比较简单，有的比较复杂。

拉德语的 ʔb、m、v、t、ʔd、n、l、ȵ、ŋ、ʔ、h 回辉话分别读作 ʔb、m、v、t、ʔd、n、l、ȵ、ŋ、ʔ、h，只有 w、ȵ 这两个声母，回辉话的读音略有不同。例如：

词义	吃	田	藤	石头	躺	六	皮
拉德	ʔbəŋ	hma	hwie	tau	ʔdih	nam	klit
回辉	ʔbaŋ^{33}	ma^{33}	vaːi^{32}	naːn^{11}	ʔdi^{55}	naːn^{32}	li^{24}

词义	黄	他	风	水	辣
拉德	kɲiʔ	ɲu	aŋin	ea	haŋ
回辉	ȵi^{24}	nau^{33}	ŋin^{33}	ʔia^{33}	haːŋ^{32}

（2）在韵母方面，回辉话与拉德语韵母的对应比较复杂。下面只把拉德语的韵尾与回辉话的韵尾进行比较。

①拉德语的 -h 韵尾，回辉话全部消失了，变成开音节，而其声调一般读成高平调。例如：

词义	湿	嚼	薄	甜	十	跌倒
拉德	msah	m’mah	epih	m’mih	pluh	ebuh
回辉	sa^{55}	ma^{55}	pi^{55}	mi^{55}	piu^{55}	phu^{55}
嘉莱	pəsah	məmah	rəpih	məmih	pluh	rəbuh

② 拉德语的 -h 韵尾，如果其音节元音是 e、ɛ 的，回辉话消失 -h 韵尾之后，读中平或低平调。例如：

词义	马	屎	车
拉德	asɛh	ehɛh	edɛh
回辉	se^{33}	ʔe^{33}	the^{11}
嘉莱	asɛh	eh	rəhɛh

③拉德语的 -p、-t、-k 韵尾，回辉话绝大部分音节都消失了，有的音节变为开音节，有的变为喉塞音韵尾（只出现在高降调音节）介绍。拉德语 -ʔ 韵尾，回辉话大部分消失了，只有读高降调时仍保留喉塞尾（在音系里没有显示这个喉塞尾）。例如：

词义	前	皮	豆子	坐	四	头	胖	鸡
拉德	anap	klit	etaːk	daːk	paʔ	akɔʔ	meaʔ	m'nuʔ
回辉	mau^{24}	li^{24}	ta^{24}	thoʔ^{43}	po^{24}	ko^{24}	maʔ^{43}	nok^{24}
嘉莱	amap	klit	rətaʔ	dɔʔ	paʔ	akɔʔ	rəmaʔ	mənuʔ

鸡这个词，原始南岛语为 * manuk，原始占语为 * manuʔ，回辉话保留较古的读法。拉德语的塞音韵尾 -p、-t、-k，回辉话仍有少数词分别保留这些韵尾。例如：

词义	声音	叠	拿	真	痰
拉德	asap	lap	kpat	sit	ea khaːk
回辉	sat^{24}	lit^{24}	$paːt^{24}$	sat^{24}	$khak^{43}$
嘉莱	sap	—	cəpaʔ	—	—

④拉德语的 -m 韵尾，回辉话全部变为 -n 尾。例如：

词义	六	深	针	喂
拉德	nam	elaːm	erum	ciem
回辉	$naːn^{21}$	$laːn^{21}$	sun^{11}	$tsian^{32}$
嘉莱	nam	dlaːm	ɟrum	pəcɛm

⑤拉德语的 -l、-r 韵尾，回辉话读作 -n 韵尾，有部分字失去了 -l 尾。例如：

词义	厚	痒	圆	牛圈	埋	飞	伸（舌）
拉德	kpaːl	ktal	wil	waːr	dəːr	phiər	lial
回辉	$paːn^{11}$	$taːn^{21}$	vin^{33}	$waːn^{33}$	$than^{11}$	pan^{33}	lia^{33}
嘉莱	kəpaːl	kətaːl	wil	waːr	dər	pər	—

拉德语的 -r 尾的字，回辉话有个别读作 -t 韵尾的，如

“爪子”拉德语为 arar，回辉话读 sat[43]。

（3）在声调方面，关于回辉话声调的形成和发展后面还要详细论述。这里只介绍回辉话几个声调的来源。

①回辉话中平调（33）来源于非浊声母舒声韵的音节。

②低平调（11）来源于浊声母舒声韵的音节。

③高平调（55）来源于带 -h 韵尾的音节。

④高升调（24）来源于原来的清声母促声韵的音节。

⑤高降调（43）来源于原来的浊声母促声韵的音节，但也有少数来源于原来的清声母促声韵音节。

⑥中降调（32）多来源于原来的清声母舒声韵的音节，与韵母的元音有一定的关系。

⑦低降调（21）多来源于原来的浊声母舒声韵的音节，与韵母的元音有一定的关系。

以上 7 个来源之中，⑥、⑦两个容易相混，中降（32）与低降（21）之间的差别很微小，前者只是起头略高于后者，末尾都是降得很低，为了区别这两个调，前者定为 32。这两个调有混而为一的趋势。

从以上回辉话与拉德语语音的比较可以看出，它们的对应是比较整齐的。回辉话的 19 个声母，大部分跟拉德语基本相同，拉德语的浊塞音声母 b、d、g，回辉话都变成送气的清塞音 ph、th、kh，拉德语带 -l、-r 流音的声母，回辉话读作带 -i- 介音声母。

3. 语法的比较

回辉话与拉德语的语法主要特点基本相同。据《拉德—英词典》介绍，拉德语语法的主要特点有：

①形容词（或名词、动词）修饰名词时，在名词之后。

②指示代词用在名词或形容词之后；在名词性词组中，指示代词用在最后。

③指示代词有时有名词的作用。

④数量词修饰名词时，要用在名词之前。

⑤在名词词组里，数词通常在量词之前，共同修饰名词；有些名词之前不一定需要数量词。

以上 5 个特点中，第 3 个特点回辉话与拉德语不同。回辉话的指示代词不能单独作主语。例如：

ni^{33} sa^{33} si^{11} ma^{24} ha^{33} 这是你的东西。

这 的 是 东西 你

指示代词要靠助词“的”的帮助才能做主语。

第 4 个特点回辉话的数量词除了用在名词之前以外，当数量为不定的数量时，也可以用在名词之后。例如：

pha^{33} $ta^{11}tsit^{24}$ phu^{11} pha^{33} nau^{33} hua^{24} 给他一点饭吃。

给 一点 饭 给 他 吃

pha^{33} $ʔia^{33}$ $ta^{11}tsit^{24}$ pha^{33} kau^{33} hui^{24} 给我一点水喝。

给 水 一点 给 我 喝

四、回辉话的汉语借词和汉字读音

占语支各语言与汉语没有直接的接触，这些语言只有很少的汉语借词，而同属于占语支里的回辉话却有一批与汉语相同或近似的词，毫无疑问，这些词是操回辉话的人移居海南岛以后才从汉语中吸收过来的。从记录材料的2 428个词中，发现有473个汉语一般借词，占所收集的词汇总数的19.4%。在有关天地、自然物、时间方位、动植物部分的408个词中，发现汉语借词58个，占这部分词汇总数的14.2%。

回辉话的汉语借词来自汉语的哪一个方言？这里有几种可能：迈话、儋州话、军话（八所和崖城）、海南话、普通话、广州话。回辉话在几种汉语方言的包围和影响下，一方面从各方言吸收了一些词语，另一方面又由于这几种方言中无论哪一种在人数上或地理上都没有占到绝对的优势，因而对回辉话的影响没有哪一种话是起决定性作用的。操海南话居民较多，海南话能在岛内各地通行，对回辉话应该有一定的影响，但由于它是一种地方方言，回族人读书和书写都不用它。回族子弟入学后一直都用汉语汉文，这是一种接近军话的读书音，或称“官音”、“正音”。直到现在人们仍然按照这种读音来读书、念文件，并吸收汉语借词。它比较接近军话，与其他方言差别较大。

综合上面各方面的情况，回辉话的汉语借词和汉字读音有如下一些特点：

（1）回辉话的汉语借词读音掺有多种汉语方言成分，有北方方言（军话和儋州话字音）的，有海南话的，有粤方言系统（迈话或广州话）的。从数量来看，近似军话和儋州话字音的成分似乎多一些。回辉话的字音有一些与海南话相同或近似。如“坝”、“党”等读 ʔb、ʔd 声母。这些字音大概是从海南话中吸收过来的。回辉话汉字读音与军话有较多的相同，但军话的塞音尾消失了，这点与回辉话有较大的差别。回辉话汉字读音与儋州话字音也有较多的相同，但帮、端二母儋州读 ʔb、ʔd，而回辉话却读 p、t，二者仍有较大的差别。

（2）回辉话汉字读音较突出的一点是韵母保留了 -t、-k 两个塞音韵尾，而军话的入声只保留一个喉塞音 -ʔ，这说明回辉话是借自那种有 -t、-k 韵尾的汉语方言。

（3）回辉话在吸收汉语借词时，只使用其中的中平（33）和低平（11）两个调，有些借词读音用了其他的两个调，很明显，这是比较晚才发生的现象。因此可以推测，回辉话的高平调（55）、中升调（24）和高降调（43）是后来才产生的。

（4）回辉话的中平（33）和低平（11）两个调分别与军话、儋州话字音和海南话的阴平和阳平近似，但有的调又相差甚远，这说明回辉话大部分的汉语借词来自与军话或儋州话字音很近似的一种汉语方言。

从上述情况可以看到，回辉话的汉语借词读音与军话、儋州话字音或海南话都有不同程度的近似，但又与这三种话不完全相同。回辉话与海南话相同的特点不是海南话独有的，可以排除它与海南话的关系，剩下的只有军话和儋州话两个方言。据丁邦新教授的研究，儋州话字音属于汉语北方方言系统，而军话也属于北方方言的西南官话，二者比较近似。回辉话汉字读音与军话和儋州话字音既相似又不完全相同的状况是很引人注目的。

从历史方面看，三亚回族是10世纪末开始移居海南岛的，以后人数陆续增加，一直到15世纪中叶。海南岛操军话的人是明朝中期，即16世纪初以后从广西等地征调至海南征战戍边屯田的军人及其家属。比较起来，回族早于军话人到海南好几百年，最晚一批来海南的回族人也比军话人早到几十年。因此，三亚回族来海南后接触的汉语自然是当时在海南通行的官话，而不会是后到的军话。由于军话与官话比较接近，容易被认为是同一种话。民国年间周文海著《感恩县志》有军语与正音相通的说法，这说明军话与官话或正音是两种很接近的话。在岛南部的崖城是古时州府所在地，仕宦商人集中的地方，自然也通行那种官话，居住在这里的回族所学的很可能就是这种古官话。由于古官话在当时的海南岛只用于官场、教学和一些外来人口中，一旦时代变迁，人员更替，这种官话的地位也随之发生变化，那些依然使用这种官话的人渐渐被混同于说军话的人了。但曾经被回辉话借用的汉字古官话读书音，就好像活化石一样被保存下来。这恐怕就是回辉话里汉字读书音的来历。

五、回辉话声调的形成和发展

从回辉话与拉德语语音的比较以及从有关材料可以看到（见 *Western Cham as a Register Language*），占语支语言虽然由于声母清浊的不同，产生高低不同的音调，但还没有形成区辨词义的声调，而三亚的回辉话却产生了这种声调。这一现象引起了国内外学者的关注。可以肯定地说，三亚回族的语言是他们到了海南岛以后才逐渐产生声调并形成系统的。

我们设想，三亚回族来到海南岛之后，其语言发生了许多变化：第一，产生了区辨词义的声调；第二，作为区辨词义的词干前加音节大部分消失了，即由一个双音节（或多音节）语言变成一个以单音节为主的语言；第三，语音、词汇和语法不同程度地发生了变化。

原来，回辉话的舒声韵只有两类音调：一个是中平调（33），一个是低平调（11）。这两类音调来源于不同的声母：浊塞音声母的音节读低平调，其他声母的音节读中平。从下面拉德语、原始占语与回辉话的对比可以看得出来（拉德语和原始占语的材料引自 J. A. Tharp 和 Y-Buonya 的《拉德—英词典》，澳大利亚国立大学，1980 年）：

词义	羊	口袋	拦阻	雨	月亮
拉德语	be	kduŋ	mgaːŋ	hɟaːn	mlaːn
原始占语	* bube	* kaduŋ	* pagaːŋ	* hujaːn	* bilaːn
回辉话	phe¹¹	thuŋ¹¹	khaːŋ¹¹	saːn¹¹	phian¹¹
词义	五	风	一	树	孙子
拉德语	ema	aŋin	sa	kəjau	co
原始占语	* lima	* ʔaŋin	* sa	* kaiəu	* tico
回辉话	ma³³	ŋin³³	sa³³	zau³³	tao³³

回辉话读汉语的四个声调也只用中平和低平两个调子。例如：

	八所军话调值	崖城军话调值	回辉话调值	例　字	
阴平	33	33	33	因 zin³³	贪 thaːn³³
阳平	22	21	11	人 zin¹¹	烦 phaːn¹¹
上声	53	11	11	眼 zin¹¹	反 phaːn¹¹
去声	23	55	33	认 zin³³	探 thaːn³³

在促声调方面，回辉话也因声母的清浊而分成两个音调：浊塞音声母的音节读高降调（43），其他声母的音节读中升调（24）。例如：

词义	走	坐	汗垢	工作	锅
拉德语	ebaːt	doːk	griʔ	bruaʔ	gɔʔ
原始占语	*lubaːt	*doːk	*griːt	*bruaʔ	*gɔʔ
回辉话	$phaʔ^{43}$	$thoʔ^{43}$	$khiʔ^{43}$	$phuaʔ^{43}$	$khoʔ^{43}$
词义	鸡	塞、挤	声音	握	卷
拉德语	mnuʔ	ʔɟiet	asap	kpat	klit
原始占语	*mnuʔ	—	*sap	*capat	—
回辉话	nok^{24}	$tset^{24}$	sat^{24}	$paːt^{24}$	lit^{24}

以上就是回辉话声调刚刚萌芽的状态，舒声调有33、11两个，促声调有24、43两个。无论舒声调或促声调都是由于声母的不同各自分成两类。

声调发展的第二阶段与韵尾有密切的关系。回辉话原有-h、-t、-k等辅音韵尾，其中韵尾-h目前已完全脱落，只在音节上留下一个音调非常高的高平调。例如：

词义	湿	舌头	懒	薄	打	中间
拉德语	msah	elah	aɛah	epih	pɔh	krah
原始占语	*asah	*ilah	*alah	*upih	*poh	*krah
回辉话	sa^{55}	la^{55}	la^{55}	pi^{55}	po^{55}	kia^{55}

－p、－t、－k、－ʔ 等辅音韵尾的变化首先是－p 先并于－t 或－u（同时－m 也并于－n），然后－t、－k 又进一步变化：遇浊塞音声母时读高降调，－t、－k 尾变为－ʔ 尾（例见前），遇非浊塞音声母时读中升调，－t、－k、－ʔ 尾脱落。例如：

词义	叠	翅膀	数（钱）	锅巴	前面
拉德语	lap	siap	jaːp	kriːp	anap
原始占语	—	*chiaːp	*iaːp	—	*ʔanap
回辉话	lit^{24}	siau^{24}	zau^{24}	kia^{24}	nau^{24}
词义	拧	（竹）节	皮	筋	虫
拉德语	wiːt	atut	jaːp	aruat	hluat
原始占语	—	—	*kuliːt	*ʔurat	*hular
回辉话	viə^{24}	tu^{24}	li^{24}	za^{24}	ʔa^{11}la^{24}

（续上表）

词义	松鼠	银	头发	溢洒	儿子
拉德语	proːk	prak	ʔbuk	hɔk	anaːk
原始占语	proːk	pirak	ʔbuːk	hɔk	ʔanaːk
回辉话	pio^{24}	pia^{24}	$ʔbu^{24}$	ho^{24}	na^{24}
词义	做	热	落	黄色	头
拉德语	ŋaʔ	ksaʔ	leʔ	kɲiʔ	akɔʔ
原始占语	ŋaʔ	tisaʔ	lɛʔ	kɲiʔ	ʔakɔʔ
回辉话	$ŋau^{24}$	sa^{24}	le^{24}	$ɲ̥i^{24}$	ko^{24}

回辉话韵尾脱落了，变成舒声韵，这样一来舒声韵就增加了三个声调（55、24、43）。但是回辉话的 -h、-p、-t、-k、-ʔ 这几个韵尾为什么脱落？除了自身的发展以外，与汉语的间接影响恐怕也有一定的关系。原来三亚的回族在他们刚到海南的时候，所接触到的是带 -p、-t、-k 韵尾的官话。军话传入海南岛时，它的促声韵尾可能已经脱落，全部变成喉塞韵尾。差不多也在这个时候，回辉话的 -t、-k 尾也简化为一个喉塞音 -ʔ。但有意思的是，回辉话中的汉字读音却基本上保留 -t、-k 两个塞音韵尾（近代由于汉语的进一步影响，

有一些促声字有带与不带塞音韵尾两读的现象，例见前）。这似乎难以解释。原来，汉字进入回辉话是以字的身份被借用的，汉字与回辉话本身是两个不同的系统，当回辉话语言结构发生变化时仅仅对自己的语言成分起作用，而属于另一系统的汉字字音则“逍遥”于这个变化之外。这就是回辉话 - p、- t、- k 韵尾失落而汉字读音仍然保存的原因。

第二阶段的变化回辉话增加了高平（55）、中升（24）、高降（43）三个舒声调，其变化的原因除自身的原因外，与汉语（军话或官话）的影响有一定的关系。

回辉话声调发展的第三个阶段是与音节中的元音长短有关。大致情况是：凡拉德语或原始占语舒声韵音节，元音是长的，回辉话多读平调（中平或低平），元音是短的，回辉话多读降调（遇浊塞音、浊塞擦音声母读低降 21，遇其他声母读中降 32），而且音节末尾带喉塞音 - ʔ。中降与低降调值非常接近，有时容易相混，但二者不构成对立。（例字从略）

回辉话所有下降的声调有一个共同的特色，就是音节末尾都有一个喉塞音。回辉话的这一特点可能来自当地的汉语或黎语。据我们所知，海南话尤其是三亚一带的海南话，上声字都有一个非常明显的喉塞音尾（入声字失去塞音尾的也带喉塞音尾）。如海南文昌话（材料由陈波提供）：

上声字：锁 toʔ^{32}、矮 oiʔ^{31}、奶 neʔ^{31}、领 liaʔ^{31}、组 tuʔ^{31}、水 tuiʔ^{31}、粉 hunʔ^{31}、感 kamʔ^{31}。

阴入字：百 ʔbeʔ^{53}、尺 sioʔ^{53}、甲 kaʔ^{53}、拍 phaʔ^{53}、铁 xiʔ^{53}、节 toiʔ^{53}、作 toiʔ^{53}、锡 tiaʔ^{53}。

阳入字：白 ʔbeʔ^{42}、麦 beʔ^{42}、石 tsioʔ^{42}、月 gueʔ^{42}、蜡 laʔ^{42}、学 ʔoʔ^{42}、落 loʔ^{42}、药 ioʔ^{42}。

阳去的调值与阳入调值相同，音节末尾也带喉塞音，如：善 tianʔ^{42}，像 tiaŋʔ^{42}，谢 tiaʔ^{42}，被 ʔbiʔ^{41}，是 tiʔ^{42}，柜 kuiʔ^{42}等。

三亚崖城的军话阳平调调值为低降（21），音节末尾都带喉塞音。这个喉塞音可以看作下降调的从属现象，是地区性的特点。处在这一地区的回辉话出现在中降和低降调的音节和高降调的部分音节，其末尾带喉塞音是不足为奇的，它是受当地汉语影响的结果。因此，我们不把回辉话带喉塞的特点归作韵母方面，而把这类韵母处理为舒声韵，这几个带喉塞的下降调仍处理为舒声调。最后还要说明的是，回辉话由原来两个高低不同的音调发展形成了声调系统，这里提出的假设是侧重在受到汉语的影响即外因这方面。外因是变化的条件，内因是变化的根据，外因通过内因起作用。拿这个观点去考察回辉话声调的产生，主要原因是回辉话有两类不同的音节（浊音的音节和其他声母的音节），使它本身产生中平、低平两个音调，又由于辅音韵尾脱落之后产生另外两个声调，而 -h 韵尾的脱落，又产生一个声调。这些都是它的内在原因，作为外因的汉语影响，只是促成、引起它的变化，或者加速它的变化。尽管操回辉话的人离开东南亚已有上千年，与原居地失去了联系，在汉语各种方言及黎语的影响下发生了不小的变化，但仍保留不少原来的特点。毫无疑问，回辉话与拉德语等几个占语支语言是有发生学的关系的。

从类型学的角度来看，回辉话与侗台语族语言的近似也是不可否认的。首先，它产生了完整的声调系统，其声调的形成和发展主要是由于声母清浊对立的消失，在这一点上，与汉语或侗台语声调的产生过程几乎完全相同。其次，回辉话由以双音节为主的语言变成以单音节为主的语言，每个音节都有一定意义。仅从这两点看，它与占语支语言大相径庭，而向侗台语靠拢。准确地说，它已经在类型上发生了较大的变化。因此，我们认为，回辉话是南岛语系占语支里的一个特殊的语言。

注：本文由欧阳觉亚和郑贻青二人合作撰写。

中国少数民族语言使用情况略述

1985年，中国社会科学院民族研究所语言室以道布、谭克让、欧阳觉亚、王春德为首组成一个“中国少数民族语言使用情况和文字问题调查研究”课题组，决定对我国少数民族语言的使用情况和文字问题进行全面的调查。这一课题得到了中国社会科学院和国家民族事务委员会的重视和支持。全国哲学社会科学“七五”规划会议民族研究规划小组决定把这一课题纳入“七五”规划，作为国家重点科研项目之一。课题的最终成果是编写出三部著作，其中之一是《中国少数民族语言使用情况》。该著作由中国社会科学院民族研究所和国家民族事务委员会文化宣传司共同主编，37人执笔，欧阳觉亚、周耀文为编写组负责人，1994年由中国藏学出版社出版，共150万字。该书介绍了中国55个少数民族自新中国成立以来至1988年年底前的语言使用情况。全书分四部分：①中国少数民族语言使用情况综述；②各省、自治区、自治州、自治县少数民族语言使用情况概述；③各少数民族语言使用情况概述；④全国各少数民族人口主要分布及语言使用情况统计表。1996年，该书获中国社会科学院第二届优秀科研成果奖。1997年，该书与其他两个子课题共同荣获吴玉章奖金语言文字学优秀奖。

该书的第一章是“中国少数民族语言使用情况综述”，略述如下：

一、基本情况

中国有55个少数民族，人口66 334.9万，占当时（1982年）全国人口10.393亿的6.61%。新中国成立前后全国先后建立内蒙古自治区、新疆维吾尔自治区、广西壮族自治区、宁夏回族自治区、西藏自治区，地区级的自治州30个，自治县（含自治旗）112个（1988年底的数字，1989年以后又新成立了11个自治县），5个自治区的少数民族人口为2 776.73万，占全国少数民族人口的41.85%。分布在自治区以外的辽宁、吉林、黑龙江、甘肃、青海、湖北、湖南、广东、四川、贵州、云南、海南、河北、浙江等14个省的少数民族为3 600.43万，占全国少数民族人口的54.26%。此外，散居在各地的少数民族约有257.75万人，占3.88%。有些省、自治区由于民族成分复杂，在省、自治区内分布着众多的聚居片或小聚居点，其中有的聚居片还夹有其他民族的聚居点，这样就形成了“大杂居、小聚居”的局面。

各自治区及有民族区域自治地方的省份，少数民族人口最多的是广西壮族自治区（1 393万），其余依次是云南省（1 027万）、新疆维吾尔自治区（779.4万）、贵州省（660.7万）、四川省（365.3万）、内蒙古自治区（299.6万）、辽宁省（290.8万）、湖南省（219.3万）、吉林省（182.7万）、西藏自治区（179.8万）、湖北省（177.8万）、黑龙江省（160.7万）、甘肃省（154.8万）、青海省（153.5万）、宁夏回族自治区（124.4 万）。此外，海南省（87.52 万）、河北省（85.12 万）、广东省（18.14 万）、浙江省（16.09 万）。如果以少数民族人口在该省、区所占比例大小为序，比例最大的是西藏（占 95.03%），其余依次为新疆（占 59.59%）、青海（占 39.42%）、广西（占 38.26%）、宁夏（占 31.94%）、云南（占 31.56%）、贵州（占 23.14%）、内蒙古（占 15.55%）、海南（占 15.50%）、辽宁（占 8.14%）、吉林（占 8.10%）、甘肃（占 7.92%）、黑龙江（占 4.92%）、湖南（占 4.06%）、湖北（占 3.72%）、四川（占 3.66%）、河北（占 1.61%）、浙江（占 0.41%）、广东（占 0.33%）。

我国 55 个少数民族，除了回族使用汉语和满族基本上转用了汉语以外，都有自己的语言，有些民族使用着两种或两种以上的语言。每个民族都有一些人兼用汉语或其他一些民族的语言，同时也有或多或少的人放弃了自己原来的语言，转用其他一些民族的语言。此外，有些少数民族中的一部分人和汉族中的一部分人使用的语言尚未最后确定。因此，我国少数民族语言的使用情况是很复杂的，少数民族语言有多少种目前还没有公认的说法。根据20世纪80年代的估计，少数民族语言有80种。近二十多年来，经过专家学者们的不断调查发现，陆续增加了48种，合计共有128种（包括几种尚未最后确定的地方话）。它们分属5个语系。

1. 汉藏语系

（1）藏缅语族：藏语、门巴语、白马语、仓洛语、彝语、傈僳语、拉祜语、哈尼语、基诺语、纳西语、堂郎语、末昂语、桑孔语、毕苏语、卡卓语、柔若语、怒苏语、土家语、白语、景颇语、独龙语、格曼语、达让语、阿侬语、义都语、博嘎尔语、苏龙语、崩如语、阿昌语、载瓦语、浪速语、仙岛语、波拉语、勒期语、羌语、普米语、嘉戎语、木雅语、尔龚语、尔苏语、纳木依语、史兴语、扎巴语、贵琼语、拉坞戎语、却域语。

（2）侗台语族：壮语、布依语、傣语、临高语、标话、侗语、水语、仫佬语、毛南语、莫语、佯僙语、拉珈语、茶洞语、黎语、村语、仡佬语、布央语、普标语、拉基语、木佬语、蔡家语。

（3）苗瑶语族：苗语、布努语、巴哼语、炯奈语、勉语、畲语、巴那语。

2. 阿尔泰语系

（1）突厥语族：维吾尔语、哈萨克语、柯尔克孜语、乌孜别克语、塔塔尔语、撒拉语、西部裕固语、图瓦语、土尔克语。

（2）蒙古语族：蒙古语、土族语、达斡尔语、东乡语、保安语、东部裕固语、康家语。

（3）满—通古斯语族：满语、锡伯语、鄂温克语、鄂伦春语、赫哲语、朝鲜语。

3. 南岛语系

南岛语系的语言主要有：阿美斯语、排湾语、布农语、泰耶尔语、赛夏语、巴则海语、邵语、鲁凯语、邹语、噶玛兰语、赛德克语、卑南语、雅美语、沙阿鲁阿语、卡那卡那富语、回辉话。

4. 南亚语系

南亚语系的语言有：佤语、德昂语、布朗语、克木语、克蔑语、京语、莽语、布兴语、徕语、布干语。

5. 印欧语系

印欧语系的语言主要是塔吉克语。

另外还有几个被认为是混合语的地方话：五屯话、唐汪话、诶话、扎话、倒话。

南方的少数民族语言，方言间的差别一般都比较大，不同方言的人彼此通话有困难。一般以当地汉语作为共同交际语。如壮、傣（部分方言）、苗、彝、白（部分方言）、侗、瑶、土家、哈尼、佤、拉祜、纳西、羌、景颇、布朗、仡佬、阿昌、普米、怒、德昂、基诺等民族，或者因为方言差别大，或者因为同一民族操不同语言，不同方言或者不同地区的人，彼此不能用本民族语进行交际。傈僳语和黎语方言有的可以通话，有的不能通话。

北方的少数民族语方言间的差别一般不大，不同方言之间的人可以自由通话，如蒙古、维吾尔、朝鲜、东乡、土、保安、鄂伦春、鄂温克等语言虽然都有方言差别，但差别不大，并不妨碍通话。

由于各省、区内各民族居住状况不同，特别是各民族人口的比例不同，各民族语言的使用情况有很大的差别，甚至同一民族分布在不同地区也有很大的差别。在某一少数民族人口占绝大多数的农村或小城镇，都通行该民族语。汉族和其他民族人口比较少，许多长期居住在当地的汉族和其他民族也兼通甚至转用当地的少数民族语言。如云南怒江傈僳族自治州的白、怒、彝、独龙、纳西等民族都有一部分人兼通傈僳语。西双版纳傣族自治州的傣族人口最多，自治州内的哈尼、拉祜、布朗、基诺等民族也各有一部分人兼通傣语。广西都安、巴马、大化三个瑶族自治县的瑶族、汉族以及其他民族由于人口少于壮族，一般都兼通壮语，有的甚至转用了壮语。

二、各民族使用本民族语言情况

各民族大部分各使用一种本民族语言，有几个民族分别使用两种或两种以上本民族语言。

1. 使用一种语言的民族

这些民族有：彝、哈尼、纳西、傈僳、拉祜、白、基诺、独龙、阿昌、羌、普米、土家、畲、壮、布依、傣、侗、仫佬、水、毛南、黎、仡佬、维吾尔、哈萨克、柯尔克孜、乌孜别克、塔塔尔、撒拉、蒙古、达斡尔、土、东乡、保安、锡伯、赫哲、鄂温克、鄂伦春、佤、布朗、德昂、塔吉克、俄罗斯、朝鲜、京等。（注：布依、蒙古等族有部分人使用其他语言，因人数很少，所占比例不大，从整体而言，这些民族也算是使用一种语言的民族。）

2. 使用两种以上本民族语言

这些民族有：藏、门巴、景颇、怒、珞巴、瑶、裕固等，台湾高山族也使用多种语言，僜人也使用两种语言。

（1）藏族。

藏族人口为387万，94%的人口使用藏语，约10.5%的人口使用嘉戎语。四川藏族有4.1万人使用羌语，有2.6万人使用普米语，有1.4万人使用白马语，有约1万人使用木雅语，有3.5万人使用尔龚语，有约2万人使用尔苏语，约有5 000人使用纳木依语，有2 000人使用史兴语，有7 700余人使用扎坝语，约有7 000人使用贵琼语，约有1万人使用拉坞戎语，有2万人使用却域语。

（2）门巴族。

门巴族人口约3.6万，但1982年人口普查时只登记6 248人（因为居住在错那县以南地区操错那门巴语的约3万人未统计在内）。门巴族使用两种语言，约3.1万人使用错那门巴语，约5 100人使用仓洛门巴语，两种门巴语均属藏缅语族藏语支。

（3）景颇族。

景颇族人口为9.3万，分布在云南，使用景颇语和载瓦语两种语言。使用景颇语的有2.3万人，占24.7%左右；使用载瓦语的有5.9万人，占63.4%左右。景颇语属藏缅语族景颇语支，载瓦语属藏缅语族缅语支。此外，景颇族还有4 000人使用浪速语，约7 000人使用勒期语。

（4）怒族。

怒族人口为2.31万，主要分布在云南。怒族分三种不同的自称：阿侬、怒苏、柔若。自称阿侬的怒族有1.2万人，其中5 700人居住在贡山独龙族怒族自治县，使用独龙语，6 100人居住在福贡县，原来使用阿侬语（属景颇语支），但已有90%的人转用了傈僳语或汉语。自称怒苏的约有8 000人，使用怒苏语（属彝语支）。自称柔若的有2 500人，使用柔若语（属彝语支）。使用上述三种怒族语言的人只有1.11万人左右，占怒族总人口的48%。

（5）珞巴族。

1982年人口普查时，珞巴族有2 065人（还有约20万人分布在西藏米林县和隆子县以南的洛渝地区，未统计在人口普查数之内）。珞巴族使用多种语言，已调查过的有崩尼－博嘎尔语、义都语（均属藏缅语族），使用崩尼－博嘎尔语的人数最多（具体数字不详），使用义都语的约 7 000 人（绝大多数人口未统计在人口普查数之内）。另外，隆子县一带还有一种苏龙语，使用人数很少。

（6）瑶族。

瑶族人口为 140.26 万，分布在广西、湖南、云南、广东、贵州和江西等省。瑶族使用勉语（属苗瑶语族勉语支）、布努语（属苗瑶语族苗语支）和拉珈语（属壮侗语族侗水语支）三种语言。使用缅语的约 69 万人，分布在上述各省；使用布努语的约 31 万人，绝大部分分布在广西中部靠西的地区，云南有少量分布；使用拉珈语的约 8 000 人，分布在广西金秀瑶族自治县。使用上述三种语言的人约占瑶族人口的 72%。

（7）裕固族。

裕固族人口约 1.05 万，分布在甘肃。裕固族主要使用东部裕固语（属蒙古语族）和西部裕固语（属突厥语族）两种语言。使用西部裕固语的约有 4 600 人，占总人口的 44%，使用东部裕固语的约有 3 500 人，占 33%。

（8）高山族。

高山族分布在台湾省，人口约为 40 万。据 1982 年全国人口普查统计，居住在大陆的有 1 549 人。据有关学者研究，高山族包括许多不同自称的族群，有泰耶尔、阿美斯、排湾、布农、鲁凯、邹、卑南、萨斯特、赛德克、沙阿鲁阿、卡那卡那富、邵、雅美等。他们各有自己的语言。人口较多的是阿美斯，有 12 万，泰耶尔为 5.5 万，排湾为 4.3 万，布农为 3 万，其余的都在 1 万人以下，人口少的只有两三百人。其中的沙阿鲁阿、卡那卡那富、劭、萨斯特、雅美等语言已经接近消亡。

（9）僜人。

僜人约有 1 万人，大部分居住在西藏察隅县以南地区，居住在察隅县境内的约有 1 000 人（1976 年）。这部分僜人使用两种语言，自称达让的僜人使用达让语，约有 700 人，自称格曼的僜人使用格曼语，约有 200 人。两种语言均属藏缅语族。

三、各民族兼用其他民族语言情况

一个民族的人除了使用本民族语言外，同时还兼用其他民族的语言，即一般所谓的双语现象。从全国来说，汉语是少数民族首先兼通或兼用的语言，所以使用少数民族语言和汉语是最普遍的双语现象。另外，在一些地区，人口少的民族往往兼通或兼用人口占多数的其他少数民族的语言，这是另一种双语现象。

除了回族、满族和高山族之外，兼通或兼用汉语的情况（根据抽样调查），可以分作下列几种类型：

（1）绝大部分人转用汉语，小部分人仍然使用本民族语。畲、仡佬、土家、鄂伦春、赫哲等民族属于这一类型。畲族 36 万人口中，只有 1 000 人仍使用畲语；仡佬族也只有 2% 左右的人使用仡佬语（1986 年）；土家族只有 7% 的人使用土家语；鄂伦春族 4 103 人中，有 51% 的人使用鄂伦春语，而这部分人几乎全部兼通汉语；赫哲族 1 476 人中，有 15% 的人使用赫哲语，而这部分人几乎全部兼通汉语。上面几个民族操汉语的比例很高，民族语的使用范围越来越小。

（2）大部分人（80%以上）兼通汉语的有羌、京、裕固、保安、锡伯等民族。操羌语的人口中，有88%以上兼通汉语；操京语的人口中，有90%以上兼通汉语（粤语）；操裕固语的8 000余人之中，大部分能熟练地使用汉语；操保安语的6 000人口中，有5 000人兼通汉语，占83%；锡伯族居住在新疆的2.7万人中，80%兼通汉语，40%左右的人兼通哈萨克语。

（3）兼通汉语的人数（已转用汉语的人口不算在内）占操本族语人口的80%～50%的有撒拉族、达斡尔族、黎族、土族、东乡族、仫佬族、布依族、白族、鄂温克族、壮族、普米族、毛南族、基诺族。

（4）兼通汉语的人数（已转用汉语的人口不算在内）只占操本民族语人口的20%～50%的有瑶族、蒙古族、朝鲜族、阿昌族、傣族、彝族、怒族、纳西族、德昂族、水族、哈尼族、侗族、拉祜族、景颇族、苗族、布朗族、佤族。

（5）兼通汉语的人只有极少数的是傈僳族、独龙族、藏族、珞巴族、门巴族、维吾尔族、哈萨克族、柯尔克孜族、塔吉克族、乌孜别克族、塔塔尔族、俄罗斯族。

兼通语言，在不同地区有不同的情况：

（1）在新疆，一般是某少数民族既使用本民族语言，同时又兼用维吾尔语或哈萨克语。蒙古族有一部分人兼用维吾尔语，一部分人兼用哈萨克语。柯尔克孜族有近半数人分别兼用维吾尔语或哈萨克语。其他民族大体如此。

（2）内蒙古的鄂温克族大部分人兼通蒙古语，并兼通达斡尔语。在牧区约有 6 万汉族居民兼通蒙古语。

（3）在广西，操布努语的瑶族约有 31.45 万人，其中约 55% 的人兼通壮语。广西各地操平话的汉族也约有 15 万人兼通壮语。

（4）在西藏，米林县的珞巴族约存 54% 的人兼通藏语，错那县的门巴族有 40% 的人兼通藏语，墨脱县操仓洛语的门巴族约有 20% 的人兼通藏语，居住在察隅的僜人约有 75% 兼通藏语和汉语。

（5）在云南，情况比较复杂，西双版纳州的布朗族兼通傣语，德宏州的阿昌族、德昂族兼通傣语和景颇语。怒江州的白族、怒族、彝族、独龙族、纳西族，甚至汉族也有相当一部分人兼通傈僳语。楚雄州的哈尼族以及一部分汉族兼通彝语。大理州剑川县的汉族大部分兼通白语。

总之，凡是少数民族比较聚居的地方，那里的汉族或回族都有一部分人兼通当地的少数民族语。近三十年来从大陆迁入海南岛黎族地区定居的汉族绝大部分都兼通黎语。

四、各民族转用语言情况

民族地区的“大杂居、小聚居”的分布格局以及汉族和少数民族人口比例的悬殊是造成一些人口少、居住分散的民族转用汉语的主要条件。聚居的民族一般容易保存自己的语言，散居或杂居的民族，语言容易发生变化乃至被放弃使用而趋于消失。语言的转用一般要经历一个长期的双重语言制的过程。从使用本民族语到转用汉语，要经历一个长期的民族语—汉语双语并用阶段。有的民族地区，如新疆、西藏大多数县，云南少数几个县（剑川、福贡等），广西几个壮族人口占95%以上的县（靖西、德保、天等、大新、隆安等），县城主要通行本地民族语，属于单语或以民族语为主的不完全双语制地区。一个民族，其人口的大多数兼通或兼用汉语，可以认为处在双语制阶段。我国的羌、京、裕固、锡伯（新疆的）等民族以及分布在云南大多数县的彝族和广西东部地区一些县的壮族，他们大多数人兼通并兼用汉语，因此他们是处在双语制阶段。更多的情况是，这一民族中的局部地区（如县城、乡镇及交通线附近）的人处在双语制阶段，而大多数地区的人却处在单语制阶段或者以使用本民族语为主的不完全双语制阶段。这个情况会维持相当长的时间，如广西罗城仫佬族自治县的仫佬族，他们大部分人兼通汉语，但很少有人放弃仫佬语而转用汉语；广西防城各族自治县的京族聚居区，那里五六岁以上的小孩全部兼通当地汉语，但没有人转用汉语；海南三亚市羊栏镇（今改为凤凰镇）的两个回族村，那里的回族使用自己的回辉话并兼通几种汉语方言（海南话、迈话、普通话、广州话等），但没有人放弃回辉话而转用汉语。

语言转用情况比较突出的民族和地区有：

（1）蒙古族。

居住在内蒙古的杂居区和城镇的蒙古族约有 29 万人转用了汉语，占自治区蒙古族人口的 11.65%。居住在黑龙江、吉林、辽宁、河北、河南的蒙古族约有 29 万人也转用了汉语。此外，居住在青海河南蒙古族自治县的蒙古族有 1.8 万人转用了藏语。居住在云南通海县的 4 600 多人，转用了一种与彝语接近的卡卓语。而居住在四川凉山州的约 1 万人转用了一种与纳西语相接近的语言。

（2）回族。

全国回族人民以汉语作为他们的母语，因此，汉语也是回族使用的语言。但居住在西藏拉萨的回族有 1 300 多人，全部转用了藏语。

（3）藏族。

居住在四川、甘肃、青海等省靠近汉族地区的藏族有数万人转用了汉语。

（4）苗族。

居住在贵州遵义地区和铜仁地区的约 22 万人，居住在四川的约 23.8 万人，居住在湖北的约 17.8 万人，居住在湖南的约 15 万人，居住在云南的约 7 万人，居住在广西的约 5.8 万人，共约 91 万人转用了汉语，其中湖南城步苗族自治县的约 8 万人和广西龙胜各族自治县和资源县等地的约 4 万人，使用一种不同于当地汉语的汉语土话，是否属于转用还需要进一步研究。居住在广西三江侗族自治县及湖南通道侗族自治县的约 4 万人（俗称“草苗”的）转用了侗语。

（5）彝族。

居住在云南的彝族有 32 万余人转用了汉语。居住在贵州的彝族约有 4 万人转用了汉语。

（6）满族。

除了居住在黑龙江黑河市（原爱辉县）和富裕县一些村屯

的少数老人还懂满语以外，各地的满族都转用了汉语。

（7）侗族。

居住在湖北的侗族2.18万人全部转用了汉语。居住在贵州玉屏侗族自治县和松桃苗族自治县等地的侗族共约12万人转用了汉语。1985年以后，居住在湖南怀化地区的15万人，由汉族更正为侗族，这部分人早已转用了汉语。

（8）瑶族。

居住在广西中部自称“布努”的瑶族有12.8万人转用了汉语。居住在广西东北部地区和湖南江永、江华等县的瑶族（当地称“平地瑶”）有24万人，很久以来使用一种不同于当地汉语的汉语土话，是否属于转用还需进一步研究。居住在广东各地的瑶族有1 800人转用当地汉语。云南景东彝族自治县和景谷傣族彝族自治县的瑶族共3 800余人转用了汉语。

（9）白族。

散居在云南白族自治州以外地区的约10万人转用了汉语。居住在湖南桑植、大庸等地的白族共9万余人（1986年）全部转用了汉语。

（10）土家族。

居住在湖北的土家族 148 万人，居住在四川的 60 万人，转用了汉语。1986 年以后，贵州有 38 万人由汉族更正为土家族，这部分人早已转用了汉语。居住在湖南的土家族约 74 万人，其中 54 万余人转用了汉语。1986 年湖南土家族增至 112 万余人，其中 92 万人是早已转用了汉语的。

（11）傣族。

居住在云南弥勒、泸西、通海等县的傣族约 2 万人转用了汉语。

（12）黎族。

居住在海南琼中黎族苗族自治县东部和其他杂居地区的黎族约 8 万人转用了汉语。

（13）畲族。

居住在浙江、福建、江西、安徽的畲族全部转用了汉语。居住在广东的畲族绝大部分也转用了汉语。

（14）高山族。

居住在台湾北部和西部平原的“平埔人”与汉族杂居，全部转用了汉语。

（15）东乡族。

居住在甘肃东乡族自治县杂居区的东乡族和积石山保安族东乡族撒拉族自治县，以及其他地区的部分东乡族年轻人共约3万转用了汉语。

（16）土族。

居住在青海海北、海南两个藏族自治州和大通回族土族自治县的土族约有3万人，大部分已转用了汉语。居住在甘肃的土族约1.2万人转用了汉语。居住在青海同仁县的土族约4 000人使用保安语，是否属于转用还需进一步研究。

（17）达斡尔族。

居住在黑龙江的达斡尔族有一部分人转用了汉语。

（18）羌族。

居住在四川（主要在阿坝藏族羌族自治州）的羌族约3.8

万人转用了汉语（1986 年统计，转用汉语的有 9 万多人）。

（19）布朗族。

居住在云南思茅地区、临沧地区以及大理白族自治州的布朗族共 5 000 余人转用了汉语或傣语。

（20）撒拉族。

居住在甘肃的撒拉族约有 5 000 人，中青年人大部分转用了汉语。居住在新疆的撒拉族有 2 900 人，其中约 2 000 人转用了汉语或维吾尔语、哈萨克语。

（21）毛南族。

居住在广西环江毛南族自治县的毛南族有 3.16 万人，其中上南、水源等乡青少年 5 000 余人转用了壮语，约 4 000 人转用了汉语。

（22）仡佬族。

全国仡佬族有 5.3 万余人，其中 88% 转用了汉语（1978 年）。1986 年以后，有 20 多万人由汉族更正为仡佬族。目前估计约 98% 的人转用了汉语。

（23）锡伯族。

居住在东北各地的锡伯族 5.6 万余人全部转用了汉语。

（24）阿昌族。

居住在云南德宏傣族景颇族自治州的阿昌族约有 1.84 万人，其中约 2 500 人转用了汉语。

（25）普米族。

云南普米族有 2.4 万余人，其中居住在兰坪普米族自治县约 1 000 人转用了白语，2 000 人转用了汉语；居住在丽江纳西族自治县的 1 000 多人转用了纳西语；居住在宁蒗彝族自治县的 1 000 多人转用了彝语。

（26）怒族。

云南怒族有 2.2 万余人，居住在贡山独龙族自治县的约 5 700 人使用独龙语（是否属于转用，需要进一步研究）。居住在维西傈僳族自治县的约 700 人转用了独龙语、汉语或傈僳语。居住在福贡县使用阿依语的怒族有 6 100 人，其中 90% 的人转用傈僳语或汉语。

（27）乌孜别克族。

新疆乌孜别克族有 1.24 万人，37% 转用了维吾尔语，33% 转用了哈萨克语，4% 转用了柯尔克孜语。

（28）鄂温克族。

居住在黑龙江的鄂温克族有 1 000 余人，68% 转用了汉语。居住在内蒙古的鄂温克族有 1.8 万余人，约 22% 转用了汉语，约 2 000 人转用了汉语。居住在莫力达瓦达斡尔族自治旗的约 3 000 人转用了汉语。

（29）保安族。

居住在甘肃的保安族有 8 300 人，其中 3 000 人转用了汉语。

（30）裕固族。

甘肃裕固族有 1.02 万人，其中约 2 000 人转用了汉语。

（31）京族。

广西京族有 9 800 余人，其中 2 100 人转用了汉语（粤方言）。

（32）塔塔尔族。

新疆塔塔尔族有 4 100 人，76% 转用了维吾尔语或哈萨克语。

（33）鄂伦春族。

内蒙古和黑龙江各有鄂伦春族 2 000 余人，其中青少年都转用了汉语。

（34）赫哲族。

黑龙江赫哲族有 1 300 多人，50 岁（现在应为 70 岁）以下的人多转用汉语，占 85% 左右（现在接近 100%）。

（35）珞巴族。

西藏墨脱珞巴族约有 600 人转用了藏语。

粤方言、普通话及少数民族语言的关系种种

一、广州话与少数民族语言的比较

一个操粤语的人一旦接触壮语，他会发现壮语和粤语好像有点近似。比如说，壮语的汉语借词比较多，且读音也有点近似粤语。反过来，广州话里的词有些也好像来源于壮语。在语音结构上，壮语也与广州话相仿。而在语法上也可以找到二者类似的地方。因此怀疑广州话与壮语是否有渊源关系。广州话的确与壮语有关系，但这种关系是怎么形成的，只有通过比较研究才能发现他们之间的微妙关系。比如说，壮语里的汉语借词是壮族人民在历史上不断从汉语里借用的结果。其借词又分古代借用的和近代借用的两大类。古代借用的叫老借词，近代

或现代借用的叫新借词。老借词的读音比较古老，多保留唐宋以后的读音。近代汉语借词则借入的时间比较晚，其语音与现代的西南官话相近。新借词比较清楚，老借词则较难判断，但只要具备音韵学的知识，还是容易辨别的。至于广州话里与壮语相同或近似的词就比较难解释了。广州地区没有壮族居民，广州人是通过什么途径获得壮语词的？很显然，这是历史发展遗留下来的产物。早在上古时期，广东和广西一样，是百越民族活动的地方，这些民族或部落发展到后来，就成了现在的壮侗语族各个民族，其中主要的是壮族。汉族人最早大量到广东是在秦代，秦始皇于公元前 215 年派兵南下攻取南越陆梁地，置桂林、南海、象郡 3 郡，谪徙民 50 万戍五岭。到了汉代，因南越相吕嘉反汉武帝于公元前 112 年派兵击南越并设置 9 个郡。当时的汉人比较少。到了唐末和五代，汉人出现南下高潮，中原汉人大批南下与南方的越人相处。随着时间的推移，于越、闽越、东瓯等也逐渐融入汉人之中，而居于两广的骆越、俚僚，也自东而西地逐渐融合于汉族人之中。而当时的古越语，作为“战败”的语言而消失。但原来古越语的某些成分被残留在“战胜”的语言中，成为“战胜”语言的“底层成分”。这就是广州话至今还保留古越语成分的缘由。1981 年，全国汉语方言研究学会在福建厦门成立并举行学术研讨会，我参加了这次研讨会，并在会上作了《加强汉语方言与少数民族语言的比较研究》的发言，提出要使汉语方言研究进一步深入，必须加强它与少数民族语言的比较研究。由于这个提法很新鲜，引起了与会者的极大兴趣，大家纷纷表示同意这个观点。在后来的几年里，有关少数民族语言和汉语方言关系的研究成果陆续出现。

粤方言与古越语有密切的关系，可以从语言、民族源流以及居住地方等情况看出来，广东原始土著就是现今壮侗语族的先民。因此，在谈论古越语的遗留成分时，可以拿壮侗语族语言来跟粤语比较。在语音、语法或词汇等方面都可以发现若干值得注意的现象。现在学者都不会怀疑，粤方言有一个古越语的底层，这个底层语言就是古越语。粤语无论是在语音、词汇还是在语法方面，都残留有古越语的底层成分。在语音方面，广州话的鼻音和边音声母，有些字词，可以出现在阴类调里；粤西一些地区中古“心”母的字读清边擦音 ɬ；促声韵的阴入调，由于韵母元音的长短而分作高低两个调值。在语法方面，广州话的量词，经常用在名词的前头，有指示词的作用。在词汇方面，广州话有数十个方言词被考证为古越语的底层词，等等。现以广州话与壮侗语族语言相比，古越语的底层词可见一斑（例词用国际音标标音，略去声调）：

词义	广州话	壮语	傣语	侗语	黎语	泰语
这	ni	nei，nai	niʔ	naːi	nei	ni
拾，捡	tsap	kip	tsep	ȶəp	tip	kep
屎	khɪe	khi（龙州）	xi	e	haːi	khi
田鸡	kap	kop	kop	əp	up（元门）	—
掐	mit	bit	bip	mjut	miːt	bit
盖，扣	kham	kam（来宾）	kom	kəm	kom	—

（续上表）

词义	广州话	壮语	傣语	侗语	黎语	泰语
涮	lɔŋ	laːŋ	laːŋ	laːŋ	—	laːŋ
小母鸡	hɔŋ	haːŋ	xəŋ	aːŋ	—	—
踩	tam	tam	ȶəm	—	tom	—
泡儿	phɔk	fuk	pok	puk	fuːt	—
鞭打	faːk	faːt	faːt	pjət	fiːt	faːt
傻笨	ŋɔŋ	ŋuːŋ（龙州）	—	—	ŋaːŋ	—
糠心	phau	pjau	pau	—	—	plau
乳房	nin	mum（龙州）	mum	—	ȵen（加茂）	nom
爬	laːn	kjaːn（靖西）	kaːn	lwaːn（水语）	—	khlaːn
跨	naːm	haːm	xaːm	—	haːm	khaːm
痒	han	hum	xum	ȶhum	khom	khan

在语法方面，最明显的是量词的用法。壮语可以单独修饰作主语或宾语的名词，壮侗语族其他语言大部分都可以这样，粤语的量词可以单独出现在名词之前。如广州话常说：条绳太短喇（绳子太短了）；间屋有人住吗？（房子有人住吗?）只狗

系边个㗎?（这只狗是谁的?）表示动物的雌雄或幼小的词素要用在主要词素之后，如鸡公（公鸡）、鸡乸（母鸡）、鸡仔（小鸡）。广州话的时间副词（先），多用在动词之后，如你去先（你先去）。在双宾语的语句里，广州话的指人宾语多用在最后，如我畀本书你（我给你一本书）。这些都是广州不同于普通话而与壮侗语相同的语法现象。

二、广州话与普通话的比较

与共同语普通话相比，粤方言有许多与普通话相同之处，但也有它自己的特点。另一方面，粤方言的形成与南方少数民族有密切的关系，因此把粤方言与普通话、南方少数民族语言进行比较，肯定很有意义。

据《普通话广州话的比较与学习》一书的介绍，广州话与普通话的差别，比较突出的是语音方面。无论是声母、韵母还是声调，二者都有很大的不同。在声母方面，普通话的塞擦音分3套（j、q、x，z、c、s，zh、ch、sh），广州话只有1套

（z、c、s），普通话的声母 r，广州话则没有。其他声母虽然彼此都有，但不完全是一对一的关系。普通话的一个声母，广州话则有两个或两个以上声母（括号内为广州话的声母）：b（b、p）、p（p、b）、d（d、t）、t（t、d）、n（n、j、ng）、g（g、k）、k（h、f、k）、h（h、w、f）、j（z、g、k）、q（c、k、h）、x（s、h、y）、zh（z、c）、ch（c、s）、sh（s、c）、y（y、ng、w）、w（w、m、ng）。在韵母方面，由于广州话保留中古汉语的双唇鼻音的韵尾和塞音韵尾，致使广州话比普通话多了 3 个鼻音尾韵母和 17 个塞音尾韵母。另外，普通话比广州话又多了一套带 i、u、ü 介音的韵母，这样，二者的差别就更大了。在声调方面，广州话有 6 个舒声调、3 个塞声调，而普通话只有 4 个声调。

在词汇方面，广州话与普通话词汇相同或基本相同的词约占词汇总数的 2/3，不同的占 1/3。这只是大体的估计，不同语言环境和说话内容，词汇有很大的差别。一般的情况是，名词相同的百分比要高于动词相同的百分比。据统计，在有关天象地理、动植物、身体及生理、亲属称谓、人的称谓等项共566个名词中，广州话与普通话相同或近似的有361个，占63%左右。动词有关自然现象的活动、动植物的活动变化、人的心理活动、五官的动作的236个词中，广州话跟普通话相同的词有103个，占44%左右。据估计，广州话与普通话词汇相同的百分比在60%左右。这只是一个笼统的估计。

在语法方面，两种话的差别相对比较小，但很难用数字来计算。总的来说，广州话与普通话在语法上是大同小异的。这里只把主要的不同列举数例。

1. 表示动物性别的语素的位置

普通话表示动物性别的语素“公”、“母”，要用在动物名词的前面，如公牛、公鸡、母猪、母狗等，广州话的这类语素（公、乸 $\nu\alpha 2$）要用在动物名词的后面，如牛公、鸡公、猪乸、狗乸。

2. 数词“一”、“二”和“五”的用法

广州话凡连用两个有百位数以上的数目，如果前一位数为

"一"时，"一"字可以省略，后面的数位也可以同时省去。如"一百二十"可以说成"百二"，"一千三百"可以简化为"千三"。

广州话的"二"出现在度量衡量词之前时常改用"两"，普通话一般用"二"，不用"两"，近年来，普通话受南方方言习惯的影响，也有人说"两斤米""两斤肉"等。

3. 代词第一人称复数

普通话分"包括式"（咱们）和"排除式"（我们），广州话一律用"我哋"。

4. 表示否定的方式

普通话表示否定的方式，最常用的是用"不"字，广州话相对的是"唔"。普通话表示动作尚未发生，在动词之前加"还没有、还没"，广州话则加"未"表示。例如：

普通话	广州话
他还没有去。	佢重未去。
会还没有开完。	会重未开完。

如果表示动作不曾发生，普通话用“没有”、“没”，广州话则用“冇”［mou5］。例如：

普通话	广州话
我没有说过。	我冇话过。
我没有看见他。	我冇睇见佢。

广州人往往以为广州话的“未”等于普通话的“没有”、“没”，把“未有水”说成“没有水”，让人产生误会。

5. 表示疑问的方式

广州话和普通话表示疑问的方式大体相同，但由于用于特指疑问句里的疑问代词大部分彼此不同，这就显得二者有较大的差别。用肯定加否定的方式来提问时，遇双音动词或形容词，广州话往往把前一个双音动词的后一个音节省略掉，其格式是“A＋唔＋AB”？而普通话一般不省略，其格式是“AB＋不＋AB”？如普通话：今天开会不开会？广州话：今日开唔开会？普通话：你习惯不习惯？广州话：你习唔习惯？

由于受南方方言的影响，尤其是在南方方言区，说普通话时也说成“今天开不开会?”和“你习不习惯?”等。

6. 双宾语的语序

动词属于“给、交给、借给、分给”等意义时，要带两个宾语，其一是指物（叫直接宾语），其二是指人（叫间接宾语）。普通话双宾语的语序是“动词+指人宾语+指物宾语”，而广州话的语序是“动词+指物宾语+指人宾语”。例如：

普通话	广州话
给他一本书。	畀（一）本书佢。
我给了你三十元了。	我畀咗三十文你喇。

7. 主谓结构与“谓主结构”作谓语

普通话常用主谓结构作谓语，广州话正好与普通话相反，用“谓主结构”，而且结合得很紧，就像一个形容词一样。例如：

普通话	广州话
你说话声音太大了。	你讲嘢太大声喇。
这个人就是事儿多。	呢个人真系多事。

这孩子个儿很小。	呢个仔好细个。
这些米粒儿大。	呢啲米大粒。

8. 多买与买多

普通话要表示动作发生的次数或产生的数量比原来的多一些或少一些时，“多”或“少”字要放在动词之前，格式是“多+动词+数量词组”，而广州话却把“多”或“少”放在动词之后，格式是“动词+多+数量词组”。例如：

普通话	广州话
讨论会最好多开几次。	讨论会最好开多几次。
今天多收了一些钱。	今日收多咗一啲钱。

9. 表示比较

普通话用于比较性状或程度时，用介词“比”，放在被比较的对象的前面，后面加上形容词，构成“甲+比+乙+形容词”的格式，广州话则把介词“过”和被比较的对象放在形容词之后，构成“甲+形容词+过+乙”的格式。例如：

普通话　　　　广州话

我比你大两岁。　　　　我大过你两岁。

今年比去年好。　　　　今年好过旧年。

普通话有时也使用像广州话那样的格式，但多用于书面语，口语一般不用。

10. 判断句

普通话的判断句用判断动词“是”和宾语组成，广州话除了判断动词“系”和宾语之外，往往加上“嚟㗎”来加重其语气。例如：

普通话	广州话
这座楼是图书馆。	呢座楼系图书馆嚟㗎。

广州话的“嚟㗎”是语气词，译成普通话是“来的”的意思。广州人说普通话时往往在句末加上这个语气词。把上面这句话说成“这座楼是图书馆来的”，叫人听了不知所云。

广州话靠吸收汉语共同语的词汇来丰富自己，许多过去认为是书面语的词，由于普通话在广东地区的普及，许多人掌握了普通话，成为普通话—广州话的双语使用者。在实际交际中，操广州话的人不知不觉地把普通话的词汇引入广州话，人们也很自然地接受，甚至这样用反而会“文雅”许多。所以有些词语很难区分哪些已经被广州话所借用，哪些尚未被广州话吸收而不算广州话的词汇。一般来说，知识分子、学生使用的普通话词语较多，一般老百姓使用地道的方言词较多。广州比香港使用书面语词汇多。从发展来看，今后广州话中的普通话词语有逐渐增多的趋势。

从词汇上看台湾原住民族语言与黎语的关系

台湾原住民族使用着多种语言，它们和印尼的马来语、菲律宾的他加禄语都属于南岛语系或称马来—波利尼西亚语系（Austronesian Family）。这个语系分布非常之广，西至非洲东南的马达加斯加岛，东至智利的复活节岛，北至台湾和夏威夷，南至新西兰，包括300多种语言，使用人口超过2.5亿。该语系分4个语族：印度尼西亚语族、波利尼西亚语族、美拉尼西亚语族和密克罗尼西亚语族。印度尼西亚语族包括台湾的原住民族诸语言、印度尼西亚语（马来语）、菲律宾的他加禄语、越南和柬埔寨的占语（包括海南三亚回族的回辉话）等。分布在中国海南和广西、云南、贵州的壮侗语族诸语言（包括壮语、傣语、布依语、侗语、水语、仫佬语、毛南语、黎语、村语、临高语等)，国内一般认为属于汉藏语系壮侗语族（如果包括国外的泰语、老挝语等习惯叫侗台语族或侗泰语族)，但在国际上有不少学者认为壮侗语族与南岛语系的印度尼西亚语族有渊源关系。近年来，还有人干脆把汉藏语系和南岛语系也联系在一起，划成一个更大的语系。但不管怎样，黎语以及壮侗语与南岛语一些语言的关系还是很明显的。在这方面已经有人做了一些研究，从黎语与印尼语里找到了一些互相类似的词（倪大白的《南岛语与百越诸语言的关系》，载《民族语文》1994 年第 4 期；蒙斯牧的《印尼语和侗泰语的关系》，载《民族语文》1990 年第 6 期)。其中有一些彼此的确非常近似，如果它们不是有共同的来源，很难用“偶然相同”来解释。

后面的表格选择了印尼语（即马来语)、台湾原住民族各语言同黎语以及壮语、傣语几十个比较明显相同的词来作对比，它们彼此相同的词不算很多，但这些词都是属于非常基本的部分，我们无论如何也不能否认它们的渊源关系。印尼的材料经过林莲云副研究员审定，台湾原住民族诸语言的材料主要引自陈康编著的《台湾高山族语言》，回辉话材料引自郑贻青的《回辉话研究》，其他材料是从已有材料中摘引的。下面的记音材料台湾原住民族诸语言——泰耶尔、赛德、邹、沙阿鲁阿、卡那卡那布、排湾、阿眉斯、布农、鲁凯、萨斯特、卑南、邵、耶眉分别只用该语言头一个字表示，遇到几个语言词汇相同时，只采用头一个语言的记音形式，其他语言的读音不一定完全相同，只是相近而已。为了进一步说明台湾原住民族语言与海南岛语言的关系，这里把属于印度尼西亚语族占语支的回辉话附在后面。

表格中的记音符号为宽式的国际音标，由于符号打印不便，用 ng 表示舌根鼻音，用 nj 代替舌面鼻音，用 hl 表示舌边清擦音，用 uu 代替国际音标的圆唇后高元音，即“倒 m”，央元音即“倒 e”合并到短 a 里去，用疑问符号“?”代替音节末尾的喉塞音，而音节前头的喉塞音则省略不标。另外，为了简便起见，黎、壮、傣、回辉等语言略去声调符号。

从表格中的词汇材料我们可以看出，黎语与印尼语或台湾原住民族诸语言是有一定的渊源关系的，但由于所发现的材料不算很多，看不出它们之间明显的语音对应规律，但至少可以说黎语与印尼语、台湾原住民族各语言表现为相同或近似的词有一定的同源关系，只是时代太久远，它们的面目变得不容易辨认。我们尽量慎重地选择，在表格中列出的 31 个词中，台湾原住民族语言与黎语、壮语、傣语相同的都差不多。但具体到台湾原住民族的哪一个语言就有点差别。粗略统计，卑南语有 20 个词，阿眉斯语有 19 个词与黎语、壮语相同。邵语有 16 个，其余的鲁凯、布农、萨斯特、耶眉、排湾都在 11 个以上。泰耶尔、赛斯特、邹、沙阿鲁阿、卡那卡那布语与黎语、壮语相同的都比较少。

我们从《台湾高山族语言》一书词汇部分选出有关天地自然物 27 个词和动物方面 43 个词，共 70 个词进行比较，台湾原住民族各语言合起来与黎语、壮语相同的词有 11 个。而具体到每个语言与黎语或壮语相同的只有 3～4 个词，最多的是阿眉斯语和卑南语，有6个，最少的是泰耶尔语，只有1个，邹只有2个。由此来看，跟黎语或壮语最为接近的阿眉斯语和卑南语跟黎语或壮语词汇相同比率有8.6%，其他的只有4%~7%。

附表：有关系的31个词

词义	印度尼西亚	台湾原住民族诸语言	黎语	壮语	傣语	回辉话
猪	babi	babuj 布、萨、赛、邹	pou	mou	mu	phui
熊	—	tumaj 阿、鲁、排、卡、邹、赛	mui	mui	mi	mui
头虱	kutu	kutu 邹、沙、布、排、阿、布、鲁、萨、卑、邵、耶	fou	thau（靖西）	（hau）	tau
月亮	bulan	bulan 卑、耶、布	nja;n	duu:n	duun	long phian
水	—	danum 布、排、阿、萨、邵、耶	num	ram	nam	—
火	api	apui 卑、排、鲁、萨、邵、耶	fei	fai	fai	pui
孩子	anak	walak 卑、耶、邹、鲁	hluu:k	luuk	luk	—

（续上表）

词义	印度尼西亚	台湾原住民族诸语言	黎语	壮语	傣语	回辉话
眼睛	mata	mata 阿、布、排、鲁	tsha	ra	ta	tin ta
腿	paha	kakai 泰、赛、鲁、卡、卑	ha	ha	xa	ka:i
屁	kentut	atut 排、赛	thu:t	rot	tot	thu
屎	—	raki 布、排、阿、鲁	ha:i	hai	xi	e
肩膀	Bahu	vau 布、阿、邵	tsuuva	ba	ba	phia
田	danah	tanaa 卡卑，umah 阿	ta	na	na	ma
芝麻	langa	hlangka 阿	tsuug euu	nga	nga	nga
船	pevahu	avanguu 沙	va	ru	he	ho
箭	—	pana? 阿、邹、卡	—	na	—	—
吃	makan	mekan 赛、卑、邵、耶	la	kuun	kin	
落	dzadoh	madarak 阿	thok	tok	tok	—
洗衣	basoh	fatsa? 阿、卑 邹，vanataq 排	to:k	sak	sak	—
哭	menangis	tangis 布、泰、赛、邹、沙、卡、阿、萨、卑	ngai	tai	hai	hia
飞	tarban	maafar 阿	ben	bin	bin	pan

（续上表）

词义	印度尼西亚	台湾原住民族诸语言	黎语	壮语	傣语	回辉话
死	mati	mapataj 阿、凯、卡、卑、鲁、萨、邵	—	ra:i	ta:i	ta:i
深	djeluk 凹	ilizo? 萨	hlo:k	lak	lak	—
黑	hitam	udadam 卑，maqusum 邵	dom	dam	dam	ta:n
你	angkou	imu 耶，isu? 泰，kisu 卡、阿、布、鲁、卑、邵、赛、邹	meuu	muung	mauu，su	—
你们	kamu	kamu 阿、布、卑、沙，simuw 泰	meuuda	sau	su	—
我	aku	kaku 阿、卑、泰、赛、沙、卡、布、鲁、萨、邵	hou	kau，ku	ku	kau
这	ini	eni 泰、赛、沙、阿、萨、卑	nei	nai	ni	ni
二	dua	tusa 布、鲁、萨、卑、邵、耶、沙	hlau	—	—	tua
十	puluh	puluk 鲁、排、卑、耶	fu:t	—	—	Piu
五	lima	rima 阿、赛、沙、卡、排、布、鲁、卑、邵、耶	ba，ma	ha	ha	ma

由这个词汇材料来看黎语与壮语的情况，在这 70 个词中，黎语与壮语相同的有 35 个，占参加比较词汇数的 51% 以上。也就是说，黎语与壮语词汇相同的比率要高出黎语与阿眉斯语或卑南语相同的比率 6 倍，高出与泰耶尔语相同的比率 10 倍以上。通过这些简单的对比，我们可以得出下面几点初步的判断：

（1）从台湾原住民族语言与黎语、壮语词汇的异同程度可以推断出在远古时期，台湾原住民族跟黎族或壮族有过密切的接触，他们很可能使用过相同语言的不同方言，后来彼此分离，由于时间过于久远，以至于原来相同或相近的词变得所剩无几了，而整个语言的面貌也变得面目全非。

（2）从材料来看，凡是台湾原住民族语言与黎语相同的词，大多数同时与壮语相同。这说明早在远古时期，台湾原住民族还在大陆的时候，其语言与黎语及壮语尚未分化，大家都使用着古越语，或者古越语的不同方言。后来台湾原住民族离开大陆，经过相当长的时间之后，黎语与壮语才逐渐分化，并各自新创了一批新词。由于这些新创词是后来才产生的，黎语与壮语不同，跟台湾原住民族语言也不同。因此，凡是台湾原住民族语言与黎语或壮语相同的词都是同源词。

（3）高山族语言与黎语分化的年代很难精确计算，我们可以参考黎语与壮语的情况。大家公认黎语与壮语的分化大概有3 000年的历史，那么，从词汇异同的比率来看，台湾原住民族语言跟黎语分离的年代要比前者早出一两倍甚至更多。

（4）从台湾原住民族诸语言的差异来看，他们在古代不是同一个时间来台湾的，他们先后来台湾的时间相差很大。看来原住在台湾北部和中部山区的泰耶尔人、邹人、卡那卡那布人以及沙阿鲁阿人最早到岛内来，而东部的阿眉斯人、卑南人的语言词汇与黎语相同的较多，他们很可能来台湾的时间比较晚。

（5）至于台湾原住民族到台湾所经过的路线，目前有两种猜测，有西来（北来）说和南来说。从语言的和地理的情况来看，首先来到中部山区的泰耶尔人、邹人、卡那卡那布和沙阿鲁阿人可能是从大陆渡海而来的，而后来到达台湾居住在南部东海岸的阿眉斯人、卑南人、排湾人很可能是从南部的海上过来的，具体路线可能是从马来半岛到印尼，又从印尼到菲律宾，再从菲律宾渡海到台湾。不管从西面来还是从南面来，他们都是从大陆渡海而来的，与大陆的黎族或壮侗语族的先民都有很深的渊源关系。

注：本文原载于《寻根》2004 年第 2 期，由欧阳觉亚、郑贻青合撰。

三亚迈话方言归属问题

海南三亚市即原来的崖城，古时称崖州，在海南岛的南部。这里不同背景的人群众多、语言复杂。世居本地的有黎族、汉族、回族、苗族，使用的语言有黎语、汉语、回族的回辉话、苗族的勉语。而在汉族中，又各自使用着不同的汉语方言、土话。据统计，有民间普遍使用的海南话（属闽南话），疍家渔民使用的疍家话（即白话，近似广州话），儋州话，军话，迈话，社会、机关学校使用的普通话，总共 9 种各不相同的方言或方言。除了军话和普通话比较接近之外，其余各方言都不能相通。位于三亚西部的崖城，主要通行迈话和军话，三亚中东部的羊栏镇（今改为凤凰镇），主要通行迈话和海南话，中部以及北部通行黎语。在崖城和羊栏过去海南话还不怎么通行的时候，迈话是比较常用的语言。20 世纪 50 年代，我们在海南调查黎语的时候，发现这里的回辉话和迈话颇有特色。20 世纪 80 年代中期，黄谷甘、李如龙先生发表了介绍迈话的文章。从 2004 年夏天起，我们开始对羊栏村的迈话作了多次比较详细的调查，以期进一步了解这种汉语方言的面貌。

说迈话的人以黎姓的居多，黎姓的渡琼定居始祖君用公，其祖辈已经在广东新会县居住了三四代。君用公出生于宋太祖建隆元年（960），宋真宗时任文邑教谕，后升任琼州教授。其后世子孙多在文昌、定安、乐会、琼海、万宁、陵水、崖城等地居住。据了解，君用公的后裔除了居住在三亚崖城和羊栏的仍保留使用迈话以外，居住在其他地区的都转用当地大部分人所使用的海南话（海南闽语）。

一、前人对迈话的认识

海南三亚市的崖城镇和羊栏镇的几个村子有 1 万余居民使用着一种古老的汉语南方方言——迈话，说这种话的人为汉族。当地人称他们为“迈人”，他们也自称为“迈人”［mai[13] nɔn[55]］。据明代正德年间（1506—1521）的《正德琼台志》记载：“迈人、客人俱在崖州，乃唐宋以来仕宦商寓之裔。迈居附郭二三里及三亚、田寮、椰根，三村在州治东一百里，其言谓之迈话，声音略与广州相似。”又《定安县志》记载：“又崖州有迈语，与广州相似，要皆商贾遗裔也。”一直到后来，人们都沿袭这种说法，把迈话看作与广州话相似，或者属于粤语系统的一种汉语南方方言。

二、迈话的特点

1986年和1987年，黄谷甘和李如龙联名先后在《广东民族学院学报》和《中国语文》发表了题为《海南岛的迈话——一种混合型方言》的文章，对崖城的迈话做了详细的介绍。据文章介绍，迈话有如下的一些特点：①声母方面有ʔb、ʔd两个带喉塞的浊塞音；②中古浊塞音声母今读送气音声母；③韵母没有撮口呼；④双唇韵尾已经消失；⑤声调方面，阴去归入阴上，入声分高、中、低三个。文章认为："迈话既有粤方言的成分，也有同客赣方言及海南闽语相同的地方，可以说是一种混合型的方言。"

2004 年 7 月，我们在三亚时曾到过羊栏村，除了向羊栏村的干部了解迈人的情况之外，还邀请该村小学老师王建华给我们介绍迈话的情况，并记录了部分迈话材料。2005 年 4 月，我们再次专程到羊栏村补充记录羊栏村迈话的语料，受访人主要是村民黎祖辉先生。根据两位发音合作人提供的材料，我们初步整理了羊栏迈话的音系。这个音系与黄、李所提供的基本相同，只是在个别语音的描写上略有差别。

1. 迈话的语音特点

（1）声母。迈话有 18 个声母：ʔb、ph、m、v、t、ʔd、th、n、l、θ、ts、tsh、z、k、kh、ŋ、ʔ、h。（声韵母例字从略）

（2）韵母。迈话有 38 个韵母：a、ɔ、ɛ、i、u、ia、ua、ai、ɔi、ei、ui、uai、au、ou、ɛu、iu、iau、an、ɔn、en、um、 uan、ɔŋ、ɛŋ、iŋ、uŋ、iaŋ、uaŋ、ɔt、et、ut、uat、aʔ、ɔʔ、ɛʔ、uk、iaʔ、uaʔ。

（3）声调。迈话有阴平、阳平、上声、去声4个舒声调，有阴入、中入、阳入3个促声调。阴入、中入都来源于中古的阴入（部分字来源于阳入），阳入来源于中古阳入。各个声调的调值是：阴平13，阳平55，上声33，去声21，阴入5，中入3，阳入1。

2. 迈话的词汇特点

迈话的词汇可以分为4部分：迈话自己特有的；来源于汉语共同语的；与赣客方言相同的；与粤语相同的。我们从粤方言以及客家话内部比较一致的常用词里选出100多个词，看看迈话独有的词是跟粤方言或客家话相同的多，还是跟共同语相同的多。

（1）迈话自己特有的：月翁（月亮），水窿（水坑），白日（白天），谷秆草（稻草），mɛʔ¹（稻子），番麦（玉米），女鸡（小母鸡），蚓（蚯蚓），黄公虫（蜈蚣），粗人（男人），

ving^{55}人（女人），细支儿（小孩），阿母（母亲），脷舌（舌头）mɛ^{13}，mɛ^{13}tsi^{55}（乳房），θut^{5}（屁股），bɔi^{55}（女阴），闭眼（睡觉），爬躝（爬行），ŋɔn^{33}（蹲），mɛʔ^{55}（躲），lɔ^{21}（寻找），壁角（角落），我群（我们），佢群（他们），ku^{55} kɔ^{21}（这个），nu^{55}kɔ^{21}（那个），无是（不是）。

（2）来源于汉语共同语的：茄子，猴狲，苍蝇，狗蚤，铁铛，儿（儿子），鼻儿，大腿，脚跟，晾，讹（骗），吵架，争吵，吃亏，哭，舀，跑，被，在。这些词，粤语和客家话都有自己的方言词。

（3）与赣客方言和粤语都相同的：泥（土），今日（今天），担杆（扁担），谷（稻谷），番薯（甘薯），田鸡（大青蛙），屋（房子），番枧（肥皂），面（脸），衫（上衣），利市（红包），人客（客人），着（穿），屙（大小便），行运（走运），扱（khɔt^{1}，盖），拗（弯折、撅），督（戳），擘（掰），标（窜），味水（潜水），黄猄（麂子），吊（交媾），塘虱（胡子鲇），佬（汉子），窿（窟窿），浪（晾晒），瞧

（嚼），熠（煠、煮），几多（多少），濑（失禁），啮（啃），企（站），行（走），打靶（枪毙），阔（宽），细（小），杰/结（稠），肥（胖），衰（倒霉），发姣（淫荡），啱啱（刚好），一滴（一点儿），架（辆）。

（4）单独与赣客方言相同的：爷（父亲），阿母（母亲），平宜（便宜），喊（叫唤），分（给）、莫（别）。

（5）单独与粤语相同的：鸡乸（母鸡），翼（翅膀），水鸭（野鸭），手（胳膊），tshut[1]（男阴），劏鸡（杀鸡），诈戆（装傻），thɔn[21]脚（跺脚），掟（扔、投掷），走（跑），闹（骂），拣（挑选），个（块、一块钱）。

从词汇异同的比例来看，迈话与粤语虽有一定的关系，但把这种关系摆到整个粤语区来看，它在粤语里又不算很突出，起码比不上两广大陆任何一个粤语点所拥有的粤方言共同词汇的数量。我们从《珠江三角洲方言词汇对照》一书中（并参考了粤西、粤北10县市粤方言调查报告）选择了383个粤方言内部比较一致的方言词，利用各点的方言词与广州话进行比较，得出不同的数据。又参考谢建猷近著《广西汉语方言研究》有关粤语、平话的资料，进行词汇异同比较。此外，我们与广州进行比较的地点有：中山（包括珠海）、清远、台山、南宁、百色、北海、钦州、博白、贵港、宾阳；平话的几个代表点：南宁沙井、百色那毕、崇左四排、扶绥龙头，以及迈话。比较结果如下：

参加比较的地点	用以比较的词数	相同词数	所占百分比
广州：中山	383	337	87.99%
广州：清远	383	311	81.2%
广州：台山	383	272	71.02%
广州：南宁	383	243	63.45%
广州：百色	383	217	56.66%
广州：北海	383	200	52.22%
广州·钦州	383	206	53.79%
广州：博白	383	169	44.13%
广州：贵港	383	167	43.6%
广州：宾阳	383	147	38.38%
广州：南宁沙井平话	383	158	41.25%
广州：百色那毕平话	383	154	40.21%

（续上表）

参加比较的地点	用以比较的词数	相同词数	所占百分比
广州：崇左四排平话	383	154	40.21%
广州：扶绥龙头平话	383	151	39.43%
广州：三亚迈话	361	102	28.25%

清远、中山、珠海等地与广州话词汇相同的比率一般也在80%以上，远至广西的南宁、百色平均也在60%左右，广西其他的粤语地区与广州话相同比率一般在45%左右，跟广西南部平话相同的有40%，而迈话与广州话的词汇相同比率只有28.25%，语音也有很大的差别。

三、迈话与赣客方言的关系

迈话里有许多赣客方言的成分。首先在语音方面，中古汉语浊塞、浊塞擦声母，迈话一般读作送气的清声母；客家话有部分阳入字（半浊）变读阴入（如掘、获、立、日、肉、育、日等），而迈话也有这个特点，甚至变读阳入的字比客家话还多。另外，撮口呼的字多读i韵，如吕、居；假开三的字部分读 a 韵，如车、蛇、野、茄等。但也有很多字与客家话的读法不同，如流开一、三的走、豆、狗、口、谋、厚等字客家读；ɛu 韵，迈话却读 au 韵。客家话古次浊上声字（如马、母、买、美、理等）变读阴平，迈话基本上没有变读。

在词汇方面，迈话有不少与客家话相同的方言词（其中大部分同时又与粤方言相同）。但客家话有一些色彩很浓厚的方言词，如涯（我）、系（是）、食（吃）、禾（稻子）、索（绳子）、叫（哭）、饥（饿）、牯（雄性）、嫲（雌性）、包粟（玉米）等，迈话都与客家话不同。因此，从整个词汇系统来看，迈话的词汇反映出客家话的比重不大。

四、迈话与粤语的关系

前人普遍认为迈话与广州话比较相似，应该说迈话与粤语（大范围的粤方言）有一定的关系。

在声母方面，迈话与广州话声母数目相近（迈话为 18 个，广州话为 19 个）。但在韵母方面就有较大的差别了。首先在元音方面，迈话的元音有 a、ɔ、ɛ、i、u 五个，有 i、u 两个介音，广州话有 a、ɐ、e、i、o、u、y、œ 8 八个。迈话比广州话少了 -m、-p 两个韵尾。韵母数目有较大的出入。其次在声调方面，迈话只有 4 个舒声调（阴平、阳平、上声、去声），比广州话少了 2 个。但入声跟广州话都是 3 个，甚至调值也很接近。

在词汇方面，迈话似乎有相当一部分的词来源于粤语。这些词看来是粤语比较古老的方言词。但同样粤语地方特色很浓的一些词，迈话另有说法，如脚（腿）、大髀（大腿）、饮水（喝水，迈话叫吃水）、瞓觉（睡觉，迈话叫闭眼）、争（欠）、蚀抵（吃亏）、喊（哭）、郁手（动手）、踎（蹲，迈话叫 $ŋɔn^{33}$）、抠（掺杂，迈话叫冲）、揾（找，迈话叫 $lɔ^{21}$）、靓（美，迈话叫好 $ɛʔ^{5}$）。

在语音方面，迈话跟广州话的差别较大，但跟珠江三角洲某些地方却很一致。高明、恩平两地都是只有阴平、阳平、上声、去声、阴入、中入、阳入 7 个声调。上、去不分阴阳，入声分高、中、低3个，这与迈话相同。综上所述，迈话与粤语有较多的共同点。

五、迈话与闽语的关系

在语音上，海南话和迈话都有 ʔb、ʔd 两个带喉塞音的声母，有 v、z 两个浊擦音，海南话声调上声不分阴阳，去声和入声各分两个，共七个声调。二者声调不完全相同。海南话比较主要的特点是韵母有阴阳对转的现象。阳声韵失去韵尾后变成没有辅音韵尾的韵母了。如惊读 kia^{33}、钢读 $kɔ^{11}$、长读 $ʔdɔ^{22}$、鲜读 si^{33}、肝读 kua^{33}、羊读 io^{22} 等，迈话没有这个现象。近几十年来，海南话在海南的势力日渐扩大，个别字的读法，年轻人可能受海南话的影响较多。但这些只是近期的影响所致，可以忽略不计。

六、初步的认识

综上所述，我们可以得出以下几点初步的认识和判断：

1. 迈话里既有赣客方言的成分，又有粤语的成分

研究汉语方言一般都比较重视声母与声调的关系。声母的清浊主宰着声调的分化，由此反映各地方言的差异。汉语声母与声调的关系有几种类型：古浊音声母今变读清声母，平声读送气，仄声读不送气的为一类，如普通话、广州话等；平声、仄声一律读送气的为一类，如客家话；平声、仄声全部都读不送气的为一类，如广西平话和粤西某些地方的土话。在这点上，迈话与客家话颇为近似，但客家话的次浊阳上字变读阴平，这一特点迈话没有跟上。古浊塞、浊塞擦音今读送气与否应该是最古老的现象，而次浊阳上变阴平在时间上应该是较为晚一点，应属于第二个层次。迈话只有赣客方言的最古老的特点，迈话人离开客家人的时候只带走最古老的东西，而客家话后来产生的东西，迈话没有分享。换句话说，迈话人没有参加客家话形成的全部过程。因此我们可以说，当初的迈话还不算客家话，它只有客家话早期的特点，即只有客家话形成以前的特点。它的前身只是一种没有发展成熟的客家话，或者说是一

种中古时期的南方汉语方言。

2. 迈话与广州话有点近似

为什么迈话里面带有不少的粤语成分，而且在数量上比客家话的还多?

在语音结构上，迈话近似广州话，如声母比较简单，韵母比广州话大大简化，但仍然可以看到它与粤语的关系。如广州话的长短 a，长的读 a ，短的读倒 ɐ，加上韵尾，构成的几个韵母长短互相对立。迈话虽然没有长短 a 的对立，但广州话的短 ɐ，迈话一律读 ɔ，相当整齐。因此我们可以把迈话的 -a、-ɔ 的关系看成广州话 -a -ɐ 的关系一样。在声调上，迈话跟广州话近似的特点就是入声的数目，而且调值几乎完全相同。迈话声调的分合很有特色，上、去不分阴阳，阴、去归阴上，这个特点在内地只有珠江三角洲某些地方（恩平县、高明县）才有。在海南的儋县（今儋州）、临高也有这种情况。值得注意的是，迈话入声的 3 个调值（5、3、1）中前两个高、中调（5、3）基本上反映阴入，低调（1）基本上反映阳入。

但应该读阳入的字有一部分（次浊入声字），却变读阴入了。客家话的中古阳入部分字，次浊变读阴入。

迈话里有一定数量的粤语词汇，这应该是它来海南以前就有的。再加上迈话语音与广州话近似，这一情况说明迈话人在来海南以前曾经在粤语地区居住过。

3. 迈话与海南闽语（海南话）的关系应该是迈话人和闽语人来海南以后发生的事

从历史上看，迈话人要比操海南话的人早到海南若干年。当迈话人到达海南时，海南岛北部已经居住着临高人和儋州人。如果说，迈话受海南某种话的影响应该首先考虑受到儋州话的影响，迈话在声调上与儋州话有点近似，如阴平（儋州35，迈话13）、阳平（儋州55，迈话55）、上声（儋州22，迈话33）、去声（儋州11，迈话21），但入声差别较大，阴入（儋州22，迈话55、33）、阳入（儋州55，迈话11）。通常认为迈话的带喉塞声母ʔb、ʔd（有些学者称为前喉塞声母或内爆破音）是来源于海南闽语，其实不然。从时间上说，迈话人来海南的时间比闽语人早。迈话人来到海南后，要接触的首先是当地的官话或儋州话，儋州话就有 ʔb、ʔd 这两个带喉塞的浊塞音。不仅如此，海南的黎语也有这两个音，甚至古越语也有这两个音。应该说，海南闽语的这两个音是他们来海南后受到当地语言的影响才产生的，所以说迈话的 ʔb、ʔd 这两个音不可能是受到海南话的影响才产生的。由此可以想象，在最初阶段海南闽语对当地语言的影响力不会很大，尤其是海南岛的西部，那里只有军话和迈话，到了后来海南话才逐渐从东部向西部蔓延，到了二十世纪四五十年代以后，海南闽语对整个海南岛的影响日渐增强了。闽语有一个很重要的语音特点就是阴阳对转，很多阳声韵的字变读阴声韵。迈话没有这个特点。海南闽语的这个重要特点迈话却没有，这说明海南闽语对迈话的影响是比较浅的。当然，在具体字的读音上迈话受海南话的影响还是有的，如辉字读 hui^{33}，又如年轻人有把 tsh 声母读成 s 的趋势，这无疑是受到海南话的影响。

4. 综上所述，迈话的性质是既有赣客方言的成分又有粤语的成分，而它的粤语成分很可能是珠江三角洲一带的地方土话

关于迈话的归属，就目前所掌握的情况来看，很难心安理得地把它划入汉语现代方言的任何一个大方言。客家方言内部比较一致，与客家话有较大差别的迈话不可能划入客家方言或赣客方言。粤语本身所包括的次方言或土语比较多，而且各地土语也很复杂，彼此差别很大，几乎不能通话，因此，似乎也可以把迈话划入大粤语的范围里。从人群彼此的认同感来说，汉族的不同方言会有彼此认同与否的问题。如四邑（台山、恩平、开平、新会）话，广州人要用比较长的时间才能听懂它，但都意识到四邑话跟广州话同属粤语，只是各自的支派不同而已。又如广西玉林话与广府话（广州话），阳江话与广府话，彼此的差别都较大，但都不会否认彼此同属于粤语。三亚的迈话，那里（三亚市区）居住着2 000位使用广府话的渔民（当地称为疍家人），经过调查了解，疍家人听不懂迈话，迈话人也听不懂疍家话，他们彼此都没有认同感。所以，从自我意识

来判断，迈话与粤语很难说是同属一个方言。

基于上述情况，我们认为迈话是混有客家话和粤语成分的一个特殊小方言。它比较接近粤方言，可以把它看作一个由早期客家话和早期粤语混合成的混合方言，可以把它放在大粤语范围之内。

海南岛的语言和方言

海南岛是个多语言和多方言的地区。岛上通行的语言有汉语、黎语、临高语、村语、勉语、回辉话、壮语。汉语除普通话之外，还有海南话、儋州话、迈话、军话、客家话、广州话、富马（附马）话等方言。加在一起共有 14 种彼此不能通话的语言和方言（黎语的 5 个方言临高语的 2 个方言均未计算在内)。可以说海南是语言和汉语方言最多的省份之一。下面分别加以介绍。

一、黎语

黎语是本土的语言，在海南的历史最悠久，早在三千多年前黎族在广东大陆作为百越的一支，就有自己的语言，它与壮、傣、泰、老挝、布依、侗、水等语言有明显的渊源关系。黎族自称“赛”，从大陆迁徙来海南以前可能属于不同的部落，到海南以后逐渐形成不同的“分支”，亦即5个方言——哈、杞、本地（润）、美孚、加茂方言，前3个方言下面还分土语。各方言除民族自称外还有不同的自称。黎族民间有用“吃饭”一语来区分方言的习惯。在5个方言中，“吃”这个动词有“拉”、“捞”、“搂”、“洛”、“啃”、“德”等多种说法，而饭多叫“他”。一般人要打听对方是说哪种方言的人就问“你是说‘拉他’的还是说‘搂他’的?”人们通过吃饭一语大概可以知道对方是哪一个方言甚至土语。但这办法不太严密，因为有些说法如“捞他”，哈方言哈炎土语、美孚方言或杞方言通什土语都相同。又如说“啃他”的有杞方言的保城土语和堑对土语。只有说“洛他”的全是本地方言（即润方言），说“拉他”的是哈方言罗活土语，说“搂他”的是哈方言抱显土语，说“德透”的是加茂方言。前4个方言互相比较接近，彼此勉强能通话。由于汉语的影响，黎族聚居区东部和北部有部分人

（约占本岛黎族总人口的10%）逐渐放弃了黎语，转用当地汉语（海南话）。居住在农村的黎族中青年都掌握海南话和普通话，但在农村内多使用当地黎语。

二、临高语

临高语是秦汉以前两广百越的一支人所使用的语言，与壮语、傣语、黎语等侗台语有渊源关系。据有关学者推测，临高人约于两千年前从大陆移居海南，比黎族晚了一千多年，分布在岛北部的临高、澄迈、儋县、琼山和海口附近，使用临高语，分2个方言。由于人口众多而且聚居，散居于临高语地区内操其他汉语方言的汉人一般都很容易地学会了当地的临高话并熟练地使用，久而久之他们的后代就很自然地被同化为临高人。所以临高人掺有不少汉人的成分，因而受到汉语的影响，语言也发生一定的变化。临高人没有民族自称，只称为“村人”或“讲村话的人”。尽管史书上有人把他们称作“熟黎”，当地汉人往往把他们误认为黎族，但他们的自我意识从来不与黎族认同。20 世纪 80 年代，有人曾试图将其确认为少数民族，但部分人坚持认同于汉族，部分人考虑认同于壮族。至今他们的民族成分仍为汉族，其语言是一种非汉语，与侗台语族语言相似。临高人有好学的传统，有较高的文化水平，男女老幼都喜欢唱歌，文化水平高是受汉族文化影响的结果，喜欢唱歌是侗台语族各民族的共同特点。可以这样说，临高语是汉藏语系侗台语族壮傣语支的一种独立的语言。操这种语言的人是掺有部分汉人的百越人当中一支的后裔。

三、汉语（官话、普通话和海南话）

汉语官话是早在西汉初就随着汉族封建王朝的官员、商贾和文人在各个时代陆续被带到岛内来，他们的人数虽然不多，但汉语官话是官场、学校、商业活动等公共交际的用语。历代不少文人学士被贬到海南后，都把中原的文化带到海南来，培养了一大批懂汉语、汉文的当地知识分子。汉语官话对岛内各种语言和地方方言产生很大的影响。古官话属于汉语北方方言，与现今的普通话不完全相同，可能比较近似于西南官话或本地军话。这种官话随着时间的推移，也有一些变化。现今儋州话的读书音可能就是一种比较古的古官话，但岛内各地可能有一些小的差别。海南黎语、苗语，尤其是回辉话的汉语借词还保留古官话的痕迹，但近代逐渐被海南话借词掩盖了。新中国成立前后，海南地区的汉语不再是过去的官话而是“国语”，新中国成立以后称普通话。从 20 世纪 50 年代开始，普通话已逐步普及。尤其是海南建省以后，公共场合使用普通话的情况逐渐增多。

海南话是唐宋以后从福建迁徙而来的移民的语言，通行于海南岛各地。新中国成立前后，海南话是海南岛各民族、各方言的人互相交际的工具。海南话属汉语闽方言在海南的分支，海南话下分府城、文昌、万宁、崖县、昌感 5 个小片。新中国成立以前海南话主要通行于岛的东部、南部和其他县的城镇。新中国成立以后，以文昌话为代表的海南话普及全岛，岛内各级的机关、学校和各公共场所，甚至民族地区，基本上通行海南话。近年来，由于普通话的大力推行，各级学校和各城镇基本上同时使用普通话和海南话。改革开放以来，普通话逐渐盛行，在某些场合普通话又有逐渐取代海南话的趋势。

四、村语

这是一种独特的非汉语。村语可能是唐宋时期一批汉族军士由于战争的原因漂流到海南岛昌化江入口处一带定居，分布在东方市和昌江县靠近昌化江的地方。他们自称“村人”，人口约有 10 万。村语是村人与当地土著融合后，放弃了原来的语言后逐渐形成的一种独特的非汉语。这种语言与黎语比较接近，也有汉语的特点，但自己独有的成分居多，属黎语支里的一种独立的语言。最早的时候，说村话的人主体是汉族，由于通婚的关系，妇女多为当地的土著，随着时间的推移，当地的语言逐渐取代了村人原来使用的汉语，发展成为现今的村语。通过对比，村语里仍可发现掺有某些汉语方言的词语，有些是粤方言的，也有些是客家话或海南话的，这说明他们曾经与这些方言的人接触过。村人的风俗习惯有的与黎族相同，也有不少与汉族相同。村语的数词，从1至6是自己原来的词（与黎语同），从7至10以及百、千、万都为汉词。亲属称谓男子长辈的多为汉词，其他的多为原来的词。村人一向被认为是汉族，黎族称他们为“汉人”或“哥龙”。村人重视文化学习，在东方市内文化水平比较高，外出工作的人较多。

五、回辉话

这是三亚回族的语言。回辉话是从10世纪至15世纪间东南亚占城移民带来的一种占语。使用回辉话的回族居住在三亚羊栏镇（今改为凤凰镇）的回辉村和回新村，人口有5 000多。我国各地的回族都早已放弃他们自己原来的语言而转用当地大多数人的语言。唯独三亚羊栏镇的回族，一直保留他们自己的语言，这在国内是非常独特的。元代以后，回族在中国逐渐形成，由于宗教的关系，他们与广州以及北方的穆斯林来往密切，外地阿訇经常来讲经，于是就自然而然地与回族认同，成为海南岛的回族。他们内部仍保留着原来的自称 huzan（占人），说汉语时自称 huizok（回族）。他们都是虔诚的伊斯兰教徒，与国内其他地方的回族有着相同的宗教信仰和风俗习惯。

三亚回族初来海南岛时，人数不多，而且散居于崖县（今三亚市）各地，15 世纪中叶，人口增加比较多，而且集中居住在三亚镇附近。他们内部一致使用自己的语言，对外使用多种汉语方言，他们人人都是多语使用者。他们学习汉语、汉文，用的是当时的官话，现在他们的普通话水平不在其他民族之下。他们所处的环境比较特殊。这点跟北方的回族有很大的不同。所以他们的语言一直能够保留至今。占语属南岛语系的占语支，是一种无声调、多音节的语言。三亚回族自从来到海南岛以后，通过学习汉语和自身的变化，慢慢产生了声调，而原来的多音节词，由于失去了词头而变成单音节词。从类型上看，它已从原来的语言变成近似于汉藏语系同一类型的语言了。这一事实引起了国内外有关专家的关注。

六、勉语

勉语是16世纪初由广西被征派而来的苗兵后裔的语言。海南苗族分散在海南省琼中、琼海、保亭、屯昌、万宁、乐东等县，人口约有4万。据研究，海南的苗族所使用的语言属汉藏语系苗瑶语族勉语支的勉金方言，与广西各地瑶族的勉金方言非常接近。海南的苗族当初被派遣来海南时称为苗兵。苗族为什么说的是瑶族的语言？“天下苗瑶是一家”，当初汉族统治者对他们的分别没有现在那么清楚，把他们弄错了也未可知。现在从语言学角度来看，应该属苗瑶语族中的勉语支的勉金方言，即大多数瑶族人说的方言。

七．壮语

壮语是20世纪中期为了开发海南岛从广西吸收壮族同胞到海南各农场的移民的语言。他们是从广西各地迁徙来的，语言不一致，到海南后，居住分散，学会了当地的海南话和普通话，年轻一代已经不再使用自己的语言而转用海南话或当地的方言了。

八、儋州话

儋州话是海南岛北部儋县（儋州）地区使用的语言，使用人口有 50 ~ 60 万。其历史非常古老，据有关学者研究，它是一种南方比较古老的汉语方言，有人认为它近似粤方言，但与粤方言仍有较大的差别。古儋县是古时官员和文人学士流放的地方，他们来到儋县后，给当地人民传播了中原的文化，教当地人识字。因此，儋县地区通行一种读书音，即汉字的读音。这是一套古官话的读音，属汉语北方方言。读书音和口语读音并行不悖。儋州话读书音对岛北各地有一定的影响，黎语本地方言（润方言）的汉语借词过去多借自儋州话。三亚羊栏镇附近有一个海波村使用儋州话，使用的人是几十年前从儋县迁徙过来的移民。

九、迈话

迈话在海南崖县的历史也有七八百年，使用迈话的人其祖先可能是宋初从广东来海南做官和经商的移民。最初在大陆居住，后来来到崖州（今崖城附近），有部分人迁至三亚羊栏镇的羊栏村和妙林村。说迈话的有1万余人，其语言有客家话和粤语的成分。由此可以推测，说迈话的人可能来自广东北部的客家话地区，后来又到达粤语地区，最后又迁徙到海南岛。迈话是一个很特别的方言，古书（如《琼山县志》）说“又有迈语，与广州相似，要皆商贾遗裔也”。它不是汉语北方方言，而是一种南方话，但属于哪一个方言目前很难定论。我们可以将其看作是混有客家话和粤语的一种南方古方言。由于近代又受到海南话的影响，吸收了一些海南话的成分。学者们倾向于认为迈话属于大粤语范围内一个混有客家话特点的特殊土语，甚至是一个由早期客家话和早期粤语相混合而成的混合方言。

十、军话

军话是16世纪初从广西征调来海南作战的军士带来的语言，战争结束后说军话的军士留守海南，分布在东方市八所和三亚崖城附近，昌江县沿海也有一部分，约有数万人，其语言一直保留至今。军话属北方方言西南官话，与广西桂柳话近似，但有一些差别。它与古官话（即所谓的“中州正音”）比较接近，容易被误认为就是古官话。黎语美孚方言过去多从军话吸收汉语借词，新中国成立以后，转从海南话吸收借词。

十一、客家话

客家话是从广东中部迁徙而来的移民的语言。客家人有几次大迁徙，第四次是康熙中叶以后从广东东部迁徙到四川、台湾、湖南、广西等地，第五次是乾隆、嘉庆以后从广东中部迁徙到粤西、海南岛等地。到海南的可能是属于这两次的迁徙。主要分布在儋州那大及南丰等地。

十二、广州话

海南的广州话指的是清代中期17世纪左右从广东沿海迁徙而来的疍民的语言，跟广州话非常接近。新中国成立前，三亚有部分人懂广州话，回族部分人过去多从三亚镇学到广州话。现今只有在两三千渔民（又叫疍家）内部仍然使用广州话。20世纪60年代以后，广东西部使用粤方言的地区有部分农民被调至海南支援农业生产，他们分散到各地，和黎族居住在一起，经过一二十年，他们纷纷学会了当地的黎语，儿童们更是完全掌握了黎语。估计若干年以后，他们的语言将会完全被同化。如乐东县抱由镇郊某个村子，那里有大陆说“白话”的移民，现在他们都学会了黎语，成为白话—黎语双语使用者。

十三、富马（附马）话

说这种话的人分布在东方市四更镇的附马村。《昌化县志》

称“附马村”。据说这个村子原来养过许多马，所以叫“富马”或“附马”。1985 年春，我们在东方八所调查附马话时，协助调查的是该村大队支书蒙业明同志，据他介绍，附马村的人原来住在四更镇说村语的英显村旁边的英德村，后来才搬到附马村。该村人数最多的文姓人是当年文天祥家乡的部众，因抗元失败而迁徙到海南，定居在昌化江出海处附近，至今已有 27 代了。当时全村只有 1 000 多人。村民所使用的语言与当地的黎语、村语、军话都有很大的差别，人们都听不懂，以为是什么少数民族语言。经过我们初步的调查分析，认定它是一种汉语方言，但掺有不少村语的成分。动植物和人体名称有些来自村语，如熊、鳖、蜻蜓、燕子、青蛙、田鸡、螺蛳、跳蚤、蹄子、鳃、豪猪、花生、棉花、木瓜、果子、稻草、芽、脑髓、鼻子、下巴、肚子、鼻涕、痰、痣等，都与村语相同而与汉语有别。其他类的词用样也有村话借词。汉语有吸收少数民族语言词汇的情况，但只是个别地吸收，像附马话成系统地吸收村语词汇是很少见的。

从语音结构和基本词汇来看，附马话应该属于掺有粤方言的赣客方言，如白、大、近等字读作送气音与赣客方言同；蛋说春，衣服说衫，骂说闹，胖说肥，先去说去先与粤方言同；也有一些词与闽语（福州）同，如狗叫犬，芝麻叫油麻，但赣客话的成分居多。海南日报记者陈耿撰文（见《海南日报》2002 年 9 月 26 日）提到文姓人民来自江西吉安府庐陵县，这与我们原先的推测相符。不过，由于时代久远，语言发生了不少变化，附马话看来与江西庐陵县的话有较大的差别，两地的人已经不可能通话了。

由于地理上的原因，海南岛的语言和方言有其独特的发展状态。海南岛上的这些语言或方言，无论是回辉话、富马（附马）话，还是迈话、军话，如果是在大陆，很可能不会是这样的状况。它们要么跟大的方言连成一片，一直保留其语言或方言，要么被其他语言或方言所同化，绝不会在很小的范围内自成一个方言岛，延续至今。从这里可以看出，地理环境对语言的影响。

通过对海南一些语言和方言的考察，对推测使用某一语言或方言的人们的来历似乎有一点帮助。但最好还是把语言、社会历史和人文等种种情况结合起来识别每一个人群。

普通话新吸收的粤方言词汇趣谈

近年来，广州话的某些词语有被共同语吸收的现象。正如有些人调侃地说“普通话南下，广州话北上”。这话虽然有点夸张，但反映出一个事实：广州话的一些常用词语被普通话吸收过去了。有的被直接吸收过去，有的被普通话吸收后再加以改造，甚至用来创造了新词。常见的有这些：

的士　源于英文 taxi，出租小汽车。广州话早就借用了英语这个词，过去甚至把私人小轿车也称的士，后来改叫私家车。早年北京话也曾借用，在车顶上安装了“的士”样子的牌儿，后来被取消了。改革开放以来，又逐渐恢复“的士”这个词，并派生了“的哥”、“的姐”、“打的”等新词。

雪糕　北京话过去没有“雪糕”一词，广州话的雪糕，北京话叫冰激凌，后来北京生产了一种用牛奶、鸡蛋、糖等制成的软冰棍儿，因为是两根连在一起的，叫鸳鸯冰棍儿。后来用同样原料制作成一种扁平状像改锥样子的冰棍儿，名字叫雪糕，味道颇像冰激凌。广州也有这种食品，叫“雪批”，因为其形状像“螺丝批”（改锥）。现在这几种冷食广州话跟普通话的对比是：雪糕——冰激凌；雪批——雪糕；雪条——冰棍儿。

朱古力　英语的 chocolate，普通话叫巧克力，广州话叫朱古力。但近来北方生产的巧克力有部分产品故意使用广州的说法，标明为朱古力，这种做法大可不必。

盖菜　来源于广州话的“芥菜”一词。广州话的“芥”读 gai，北方人听起来是“盖”的音，所以写为“盖菜”。广州人说普通话叫芥菜 jiecai，但北方人的芥菜另有所指，容易引起误会，于是采用广州话的音写作“盖菜”了。但广州仍写“芥菜”。

提子　来源于广州话的“葡提子”（葡萄）一词。广州的

“葡提子”可能是“菩提子”之误。广州地区不产葡萄，一般把葡萄说成“葡提子”，有时有人简称为“提子”。如把掺有葡萄的面包称作“提子面包”。北方盛产葡萄，而南方在市场上经常见到的多是进口葡萄，人们叫“葡提子”。于是北方人把进口的葡萄称作“提子”，而把本地品种的葡萄仍叫“葡萄”。

雪梨 普通话的鸭儿梨，广州话叫“雪梨”，如天津鸭梨，广州话叫天津雪梨。早期的北京话也有“雪梨”一词，但只泛指“佳嫩如雪”的梨而已。后来北方把近似鸭儿梨，个子大而白嫩的一种梨叫“雪花梨”，广州也把它归入雪梨一类。普通话口语已有人增加“雪梨”一词，但书面语仍未采用。

炒鱿鱼 广州话指被雇主解雇，因为鱿鱼被炒后都会卷成圆筒状，而工人被雇主解雇后就要卷起铺盖回家，像炒熟后的鱿鱼。这词用来形容被解雇的状态，富有谐谑的意味。现在普通话甚至用于雇员自己辞职不干，叫炒老板的鱿鱼。

买单 广州话的“埋单”是顾客在饭馆用餐后请服务员算

账的意思。“埋”有合在一起的意思，即把各类东西的价钱合在一起，相当于普通话的“结账”、“算账”。光是一种东西不能叫“埋单”，如购买一台电视，只叫开单。北方人把“埋”误认为“买”，常常说成“买单”。因为“买单”跟付款有关系，容易被人理解，再加上又不清楚“埋”是什么意思，所以广州话的“埋单”就轻而易举地被改造为“买单”了。媒体上有时也使用“埋单”的写法，但“寡不敌众”，看来广州话这个词要被改造了。“买单”这个词后来又有“负责”的意思，如常有这样的说法：“这个由政府买单。”

靓，靓丽，亮丽　“靓”字，普通话原来只有 jìng 一读，没有 liàng 的读音。如 1957 年出版的《汉语词典》和 1979 年出版的《辞海》，都没有读 liàng 这个音。《现代汉语词典》1985 年版、1998 年版、2009 年版收了读 liàng 的“靓”字，意思为漂亮、并注明是方言用字。后来又增加了“靓丽”一词，漂亮、美丽的意思。可以看出，普通话是近些年才吸收广州话“靓”这个词的，并造出“靓丽”一词，进一步又造出“亮丽”（漂亮美丽）这词，此外还吸收了广州话的“靓女”、“靓仔”等词。

减肥　“减肥”一词，最早来自广州话。而广州话可能来自英语的 keep fit 一语。普通话很早就使用减肥这个词，《现代汉语词典》第三版以后收有这个词。

打工　广州话原指离家外出给别人当佣工，时间短的叫打短工，时间长的叫打长工，做杂务的叫打杂工。过去香港在港英政府工作叫打皇家工。现在凡是外出务工都叫“打工”。后来又产生新词“打工仔”和“打工妹”。近二三十年来，普通话也吸收广州话的“打工”这词，甚至连“打工仔”、“打工妹”也吸收了。

搞定　这词来源于广州话的“搞掂”，是弄好了、搞妥当了的意思。“掂”是方言词，本义是“直”，引申为妥当、通顺等意思。普通话报刊也曾有人使用过“搞掂”的写法，但人们不知道“掂”在这里是什么意思，于是就采用近音字“定”。搞定了，就是搞好了、搞妥当了。普通话的这个改动比较好，语音跟原来的差不多，字面上也好理解。

入围　广州话的意思是“进入了新的一轮竞争范围”，大致相当于普通话“出线”的意思。不过普通话的意思侧重于比赛的胜出，而广州话强调参赛者已进入下一轮的竞赛，比普通话的意思更为积极。现在普通话多使用“入围”这个词，少用“出线”一词。

拼搏　普通话原来只有“拼”一词，是不顾一切地干、豁出去的意思。如拼命，拼个你死我活等。广州话只有“拚”而没有“拼”，而口语则用“搏”这个词，如“搏命抢”（拼命抢），“同佢搏啦”（跟他拼了吧），“搏过至知”（拼过才知道），一马搏双象（一马拼双象）。二十世纪五六十年代，中国第一个乒乓球单打世界冠军容国团有一句名言：“人生难得几回搏。”改革开放以来，逐渐产生“拼搏”这词，它是由普通话的“拼”和广州话的“搏”相结合，意思深刻，反映出人们在新形势下努力进取的精神。由“搏”而产生“搏彩”一词，指的是赌博一类的活动。广州话“搏彩”指碰运气，现在所谓的“搏彩业”指的就是赌博业。

乌龙球 “乌龙”，广州话是办事糊涂、错误百出的意思，“乌龙王”即糊涂虫。足球比赛时队员把球踢进了自己一方的球门，广州话叫“乌龙球”。普通话吸收这个词，用法一如广州话。

爆满 这个词来源于广州话的“爆棚”，广州话常用来形容看戏的人过多，以至把戏棚都挤破了。后来也指人多热闹。普通话后来吸收了这个词，改叫“爆满”，形容戏院等场所人多，座无虚席。1998年版的《现代汉语词典》曾收了“爆满”一词，并把“爆棚”一词作为方言词也收录在内。

八卦 广州话对封建意识比较浓厚的老年妇女称为“八卦婆”，对那些喜欢谈论别人家长里短的做法称为“八卦”，对报道社会公众人物隐私的无聊新闻称为“八卦新闻”。普通话也引用“八卦”或“八卦新闻”等词。

八 广州话的“八”字同“发”字音近，发即发财。把八字作为吉祥数字，最早始于香港，后来传入广州，几乎人人都迷信这个数字。普通话地区也接受八字为吉祥字。门牌、电话、手机、汽车号码凡带八字的都值钱。这反映出人们追逐钱财的心理。

二奶 广州话称呼别人的妾为“二奶”，“奶”字变读阴平（第一声）。如少奶、师奶、二奶的“奶”均变为阴平调。普通话也引用这个词，并创造出“包二奶”一词。

功夫 广州话称武术为“功夫”，练武术叫“打功夫”，武术片叫“功夫片”。普通话除了有武术这个词以外，有时也用“功夫”这个词。

银 广州话过去把钱财称作“银”，现在一般已改称“钱”了。但有时仍使用“银”这词。如收银台（收款处）、钱银（钱财）、银纸（钞票）。普通话借用“收银台”、“收银员”等词。

跌眼镜 广州话的“跌眼镜”是判断错误的意思。普通话吸收过来，也是这个意思。如常说“叫人大跌眼镜”。

电饭煲 电饭锅的意思，普通话常常也有人说电饭煲。另外，“煲”是广州方言词，也可作动词用，有煮的意思。广州话的煲汤、煲粥，是长时间地熬汤或熬粥的意思。由此引申出“煲电话粥”一语，指人长时间地打电话。普通话偶尔也有人使用这个词。

台球 说普通话的有些人过去曾把乒乓球叫“台球”，现在都改叫乒乓球。近年来从国外传入了一种“台球”（英文叫 billiards），香港和广州叫“桌球”，北方叫“台球”。这两个叫法很有意思。本来“台”是南方方言，桌子的意思，香港和广州应该把在台上打的球叫“台球”才对，但却叫“桌球”，而北方反过来把在桌子上打的球叫“台球”。这是什么原因？或许是双方都犯了矫枉过正的毛病吧。有意思的是，2010 年 11 月在广州召开的第 16 届亚洲运动会的乒乓球馆叫“台球馆”，说明广州仍然把台球叫桌球，而把乒乓球叫台球。难道至今还不知道这两个词在普通话里的区别吗？

有没有搞错 广州话常用的口头禅“有冇搞错”多用于对某事表示婉约的反对、制止或不满，有时甚至心中虽然高兴地同意对方的作为，但口头上故作反对状。在不同的语言环境里有不同的意思，总的印象是让人感觉文雅而友好。普通话有人借用这个短语，改为“有没有搞错”。

不好意思　来源于广州话表示道歉的用语“唔好意思”。这话用于自己轻微的伤害别人或妨碍别人，表示歉疚的意思。一般受到损害的一方都会“小事化了”，并客气地回应对方。曾见到有人在给对方造成严重的损害后只说一声“不好意思”，这似乎还不够，必须说对不起，认真赔礼道歉并承担一切责任。

小儿科　广州话的意思是水平不高的技艺、简单的、初级的技术等。普通话也吸收这个词，近似“小菜一碟”的意思。如“这工作对他来说不过是小儿科而已。”

霸王条款　广州话的“霸王”原指旧社会某些黑道上的人，利用其势力随便侵犯他人的利益，如强占地盘、强买强卖、强收“保护费”，乘车不买票叫“坐霸王车”，看戏不买票叫“睇霸王戏”等。普通话引用“霸王”一词，造出“霸王条款”一语。

缩水 广州话指布料浸水后晾干，其长度比原来的短。北京话多叫“抽水”，也叫“缩水”。广州话还兼指东西数量变少，如楼房面积变小，东西的分量减少了等。普通话近来也多用“缩水”这词。

广州话还有一些词也开始进入普通话里，如T恤、生抽、豉油、沙河粉、荷兰豆、豆角（豇豆）、菜心（菜薹）、马蹄（荸荠）、马仔（喽啰、马前卒）、私家车、嘉年华、供楼、按揭、烂尾楼、山楂茶、果茶、国脚（国家足球队队员）、世界波（高球，世界水平的球）、跳楼价、超值、水货、第一时间、搞笑、蛇头、大排档、一粒球（足球踢进一个球）等。

参考文献

[1] 史图博（H. Stübel）. 海南岛的黎族.（Die Li – Stämme der Insel Hainan）[A]. 伊斯兰教徒，柏林，1937.

[2] 岑家梧. 三亚港的回教 [J]. 西南民族文化论丛.

[3] 中国科学院民族研究所、广东少数民族社会历史调查组. 广东省回族满族社会历史情况 [M]. 北京：中国科学院民族研究所广东少数民族社会历史调查组，1963.

[4] 欧阳觉亚、郑贻青. 海南岛崖县回族的回辉话 [J]. 民族语文，1983（4）.

[5] 白保罗（P. K. Benedict）. 澳台语的类似语言——海南岛上带声调的占语 [J].（日本）亚非语言计算分析，1984（22）.

［6］A. G. 欧德里古尔. 海南岛几种语言的声调［J］. 民族语文，1984（4）.

［7］郑贻青. 从社会语言学的角度看三亚回族的回辉话［J］. 民族研究，1986（2）.

［8］郑贻青. 再谈回辉话的地位问题［J］. 民族语文，1986（6）.

［9］郑贻青. 回辉话中的汉语借词及汉字读音［J］. 民族语文，1995（5）.

［10］郑贻青. 论回辉话声调的形成与发展［J］. 民族语文，1996（3）.

［11］郑贻青. 回辉话研究［M］. 上海：上海远东出版社，1997.

［12］三亚市地方志编纂委员会. 三亚市志·第二十七篇［M］. 北京：中华书局，2001.

［13］欧阳觉亚. 汉语粤方言里的古越语成分［A］. 语言文字学术论文集——庆祝王力先生学术活动五十周年［C］. 北

京：知识出版社，1989.

［14］欧阳觉亚. 运用底层理论研究少数民族语言与汉语的关系［J］. 民族语文，1991（6）.

［15］欧阳觉亚. 两广粤方言与壮语的种种关系［J］. 民族语文，1995（6）.

［16］郑贻青. 广州话的时间副词“先”字的用法［J］. 粤语研究，2009（4）（5）.

［17］欧阳觉亚. 普通话广州话的比较与学习［M］. 北京：中国社会科学出版社，1993.

［18］陈康. 台湾高山族语言［M］. 北京：中央民族学院出版社，1992.

［19］郑贻青. 回辉话研究［M］. 上海：上海远东出版社，1997.

［20］王均. 壮侗语族语言简志［M］. 北京：民族出版社，1984.

［21］欧阳觉亚、郑贻青. 黎语调查研究［M］. 北京：中

国社会科学出版社，1983.

［22］郑贻青. 靖西壮语研究［M］. 北京：中国社会科学院民族研究所，1996.

［23］梁敏、张均如. 临高语研究［M］. 上海：上海远东出版社，1997.

［24］倪大白. 南岛语与百越诸语言的关系［J］. 民族语文，1994（4）.

［25］蒙斯牧. 印尼语和侗泰语的关系［J］. 民族语文，1990（6）.

［26］邢公畹. 关于汉语南岛语的发生学关系问题——L. 沙加尔《汉语南岛语同源论》述评补正［J］. 民族语文，1991（3）.

［27］邢公畹. 汉语南岛语声母的对应［J］. 民族语文，1991（4）.

［28］邢公畹. 汉语南岛语声母及韵尾辅音的对应［J］. 民族语文，1991（5）.

[29] Jerold A. Edmondson and Kenneth J. Gregerson. Western Cham as a Register Language. *Tonality in Austronesian Languages*, Oceanic Linguistics Special Publication No. 24. University of Hawaii Press, Honolulu, 1993.

[30] Graham Thurgood, Phan Rang Cham and Utsat: tonogenetic themes and variants. *Tonality in Austrenesian Languages*, 1993.

欧阳觉亚教授小传

1930年生于广州市，原籍广东从化县，今属广州市从化区。1949年秋就读于广州市中山大学文学院语言学系，师从著名语言学家王力、岑麒祥、商承祚、高华年等教授。1953年夏毕业，分配到中国科学院语言研究所少数民族语言研究组工作。1954年夏参加广西壮语方言调查队，1956年定名为中国少数民族语言调查第一工作队。1956年7月调海南岛参加少数民族语言调查第一工作队海南分队，任调查队学术秘书，协助调查队领导进行黎语方言调查研究的工作。少数民族语言研究所（1964年以后合并至民族研究所）成立后，在壮侗语组工作，曾任壮侗语组组长和研究所学术委员。历任研究所的助理研究员、副研究员、研究员，中国社会科学院研究生院民族系教授、博士生导师，兼任国家语言文字工作委员会普通话培训测试中心教授。

欧阳觉亚主要从事中国南方少数民族语言的调查研究和粤语研究，早在1952年冬，还在大学学习期间，受广东民族事务委员会的邀请，参加省民委组织的疍民情况调查组，赴中山县、阳江县一带调查粤西疍民的语言。参加工作后，1954年夏，受桂西壮族自治区政府之约，参加广西壮语方言调查队，调查研究壮语方言。在袁家骅教授的带领下，调查了广西壮语北部方言右江土语、桂边土语、桂北土语和部分柳江土语。随后参加壮语方言土语的划分、壮文方案的设计等工作。在广西语言文字研究指导委员会研究科任词汇组组长，负责编写壮汉词汇（词典），兼任壮语调查研究训练班教员，培养壮语编译研究骨干。1956年广西壮文学校成立后，兼任广西壮文学校语音学教员，负责九个班的语音学课程，培养壮文研究人员和教学师资。1956 年，由于工作需要，被委派参加第一工作队海南分队，到海南岛参加调查研究海南黎语，任工作队业务秘书，兼任海南黎族苗族自治州语委会研究科科长，参加设计黎文方案，并主持黎汉词典、黎语语法和语音研究等工作。1959 年秋，受所领导的委派，与所内人员和延边朝鲜族来所工作学习人员组成朝鲜语调查组，到吉林和延边各地调查朝鲜语，观察朝鲜语的语调和声调问题。1976 年春，参加西藏门巴、珞巴、僜人综合考察队到西藏喜马拉雅山区全国唯一不通汽车的墨脱县和米林县各地调查门巴语、珞巴语。1980 年以后，到广西“三岛”调查京语。20 世纪 80 年代以后，多次与人合作调查海南西部的村语和三亚回族的回辉话。除了少数民族语言的调查研究以外，对自己的母语广州话也作了多年的调查研究，并利用这个优越条件把南方少数民族语言与汉语粤方言进行多方面的比较研究。在岑麒祥教授的开创性文章《从广东方言中体察语言的交流和发展》的启发下，把粤方言与壮语进行全面的比较，发现二者存在深层的关系，研究工作得到很大的收获。

1981 年在汉语方言研讨会成立大会及第一次学术讨论会上，根据已掌握的材料提出“汉语粤方言有一个古越语底层”的问题，这一提法可以解释现今的粤方言里为何存在大量的与壮侗语相同的词、语音特点及一些特殊的语法现象。粤方言里的这些来源于古越语的特点一直保存至今。在会上建议方言研究者应该把方言研究和南方民族语言研究结合起来。发言引起了与会者的关注。这次研讨会以后，陆续有一些方言学者就某一方言的古越语底层问题发表了不少文章。研究古越语底层问题成为方言学界的兴趣。

从 20 世纪 80 年代至 21 世纪初的 20 多年里，出版了有关上述诸语言的专著：(1)《壮汉词汇》(初稿本，集体编纂，负责人之一)，广西民族出版社，1958 年；(2)《黎语简志》(二人合作)，9.5 万字，1980 年；(3)《门巴、珞巴、僜人的语言》(四人合作)，30.7 万字，1980 年；(4)《黎语调查研究》(二人合作)，93 万字，1983 年；(5)《京语简志》(三人合作)，10.4 万字，1984 年；(6)《珞巴族语言简志》(崩尼—博嘎尔语)，8.4 万字，1985 年；(7)《黎汉词典》(多人合作，主编之一），33.5万字，1993年；（8）《中国少数民族语言使用情况》（集体著作，主编之一），150万字，1994年；（9）《村语研究》，22万字，1998年；（10）《壮语方言研究》（六人合作），81.7万字，1999年。

在粤方言研究方面出版的专著有：（1）《广州话方言词典》（三人合作），商务印书馆香港分馆，1981年；（2）《普通话广州话的比较与学习》，中国社会科学出版社，1993年；（3）《广州话词典》（三人合作），广东人民出版社，62万字，1997年；（4）《粤方言地区普通话学习手册》（三人合作），广西教育出版社，2000年；（5）《广州话、客家话、潮汕话与普通话对照词典》（四人合作），45万字，2005年；（6）《广州话俗语词典》（三人合作），广东人民出版社，2010年；香港商务印书馆2009年。此外还参加《中国大百科全书》民族分卷和语言文字分卷有关黎语词条的编写和《辞海》一些词条的编写；参加《中国黎族》第三章《语言》（二人合作）的编写。参加《中国语言地图集·海南省》的调查和编写；参加中加合作项目《世界的书面语：使用程度和使用方式概况》（第

4卷中国，第一册语言·文字）的部分编写和全书中英文校审。目前正在进行的工作是参加主编《中国语言文字大词典·少数民族语言文字卷》这一浩大工程，该书计划于2011年脱稿。据悉，他与周无忌、饶秉才合作的《普通话广州话词汇用法对比词典》一书也接近完成。

发表过论文多篇，其中重要的有：《声调与音节的相互制约关系》（载《中国语文》1979年第5期）；《汉语粤方言里的古越语成分》（见《语言文字学术论文集——庆祝王力先生学术活动五十周年》，知识出版社，1989年）；《运用底层理论研究少数民族语言与汉语的关系》（载《民族语文》1991年第6期）；《从词汇上看台湾原住民族语言与黎语的关系》（二人合作，载《寻根》2004年第4期）。